我能

创造奇迹

[英]西蒙·哈特利 著

殷 乐 译

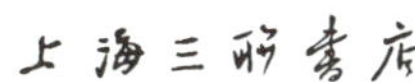

目 录

引 言

人类常常能做出一些惊天动地的事情。

一个叫大卫·布莱恩的美国人，居然在水下憋气17分又4.4秒，打破了世界纪录。这是在2008年4月30日，奥普拉·温弗里的现场秀上。满场皆惊!

2007年，一个叫刘易斯·皮尤的英国探险家，在北极的北冰洋里游了一公里，用了18分50秒。这也许不算什么。可是要知道刘易斯所游泳的北冰洋的水温是零下1.7摄氏度！一般常识告诉我们，一个人的体温低于35摄氏度时，就会造成失温并导致死亡。这根本不可能，对吧?

如果你觉得这听起来已经很奇葩了，那再告诉你一件让人匪夷所思的事。

2012年，英国科学家约翰·埃文没有借助任何工具，用头顶住了一辆车整整33秒，甚至都没有用手搭一下。他头上顶着的，是一辆重达1.59吨的宝马迷你。这不是什么愚人节记录，而是一本正经的吉尼斯世界纪录。

诸如此类让人震惊，甚至不可思议的事，在世界各地、在我们周围，其实是经常发生的。

轻易地把这些事情认作为“不可能”，和把成就这些不可思议的壮举的人当做“非人类”，大概是一般人最直接的反应。你能憋气多久？一分钟？或者二分钟三分钟？我想，我能坚持60秒就很不错了。同时，你大概也会这样想：难道这些人是以什么特殊材料制做出来的么？他们肯定不是普通人！当然，你也许会充满疑惑：

他们是会魔法的么？

魔法，这个想法有点意思，但这要看你对“魔法”的定义是什么了。

“我觉得魔术，不管是憋气还是洗一组扑克牌，都挺简单的。只是练习而已，是一边挑战自己的极限一边不停地锻炼自己，在痛苦中得到成长，成为最棒的自己。对我来说，这就是魔法。”世界著名魔法师大卫•布莱恩，就是这样解释在一般人看来不可想象的所谓“魔法”。

“如果他办得到，我可以吗？”

那么，看着上面的这些例子，你是否产生过这样的念头：“我是否也能办到呢？”

就算你没有说出口，但是有没有这么在心中默念过呢？是否在你内心的自问自答中冒出来过？我相信，你肯定产生过这样的想法。也许在寂寥的夜晚，你对着星光大喊“我也要做到”；也许在看着电视转播时，你梦想着自己走上荧屏的那一刻。其实，我就是这么想的。当我看了看自己的周围，发现更多的人在尝试和争取做到了十分难以置信的事情。你知道仅仅在 2012 年伦敦奥林匹克运动会上，就有 127 项世界纪录被刷新了么？当然，世界纪录并不仅限于运动。2009 年，迪安·古尔德在被蒙住眼睛的情况下翻了 71 个啤酒垫。当我正坐在这里打着字的同时，英国唐卡斯特有一个电台正在试图打破世界上最长放送时间的世界纪录。在今天下午 4 点，他们将破 80 小时连续放送的大关。当然，我没有想过要去翻啤酒垫或者放送 80 个小时。但我绝对想过去迎接一个惊人的挑战。看来看去，就不可抑制地告诉自己，我也能做一件惊天动地的事情！

但是，我要怎样才能创造奇迹？有什么会挡着我的路呢？

你肯定产生过这样的感觉，觉得自己并没有发挥出所有的潜力；你也肯定想过让自己能够做得更好、得到更多；你当然常常会想着挖掘、展现自己真正的能力。

作为一个运动心理咨询师，我一直都对精英们的事情有着浓厚的兴趣。我一直都很好奇，出类拔萃的人与其他人的区别到底在哪里？我研究了那些世界级的人物们很多年，试图去理解他们之间的区别和共同点。我曾与一些很厉害的人接触过，而他们都做出了一些惊人的事迹。像是爬遍了世上 8000 米以上的高山，在没有协助的情况下完成了极地考察，还有连续跑了几个超级马拉松和探险赛，等等。在我写上一本书《星光闪耀》的过程中，我很荣幸地认识了许多可以称之为“明星”的人物。多年以来，我一直被世界顶级人物的表现所吸引。我一直都在探索他们的想法，他们的经历，他们是如何迎接挑战又是如何克服的。事实上，我也被他们感染了。时不时，我常常能听到那些世界级的人物非常谦虚地把自己称为“凡人”。他们似乎没有什么上天赐予的特殊才华。

他们的成就也不像是单单的好运，更不是因为他们恰巧在正确的时间到了正确的地点。也许可以说是写《星光闪耀》和相关研究的成果之一，我发现那些创造“奇迹”的世界级精英们，他们的思想、行为有八个并不十分特殊的共同特点。由此，我们完全可以说：

如果他们能够办到，那我们也一定可以。也许你生而平凡，也许你默默无闻，超越自我你就能成功！

让我们慢慢道来。

灵 感

当我在考虑、思索一个普通人如何才能成就不平凡这个看似严肃、重大的问题时，发现自己在电脑上打出了“极限在哪里？”“界限又在哪里？”和“你知道自己的边界在何处？”这些语句。在我打出这些字眼，又自己重新读过一遍时，我仿佛发现了一样令我十分不安的东西：我觉得自己其实和很多人一样，完全不清楚自己的极限在何处，我根本不知道自己有哪些潜力。而在这之前，我从来也没有认真地研究、考虑过这些问题。

突如其来的事实令我深受打击，我发现大部分人对自己的极限几乎没有任何概念。虽然我们都很清楚什么情况下自己会感到不适，但我们并不知道自己在哪里会碰到天花板。我们真的对自己能够干些什么有足够的了解么？虽然我强迫过自己，我也知道我花了很多时间来探索自己的潜力，但摸着良心讲，我还是完全不清楚自己的极限在哪里！

这还是一个从未被探索过的领域，而现在正是开始了解它的时候了。

这对大多数人来说也是同样的。就算是那些时刻都想着提升自己的人，也未必知道自己的极限在哪里。就算我们会感到一些事情在我们的能力范围之外，但很多时候这是通过直觉，而并非是论证。你知道自己真正的极限在哪里么?

所以，我给自己设立了一个挑战：把“我可以办到吗”这个问题作为出发点和动力。我将会开启一个似乎有点荒谬的耐力挑战。当然，这本书并不是用来描述我的挑战的。实际上，我的这个挑战只是写这本书的缘起和原点。

这本书是关于要如何选择和迎接挑战的，特别是将详细地描述如何处理这些看起来似乎很巨大、令人畏缩、不可能、好像是无法实现的挑战。

“比起不做后悔，
我宁愿做了后悔。”

——露西尔·鲍尔（美国喜剧家、演员）

你的挑战

当你低头自语，又或者是自问自答“我能做到吗”的时候，你知道自己正面对着什么样的挑战吗？也许，你下一秒马上冒出了“我很想尝试，但我怎么都办不到的”，或者是“好吧，那么我该如何开始？”

你有没有在看台上的表演，或者电视节目，或者看着别人跑马拉松时，然后想“要是我也能办到就好了”？你有没有在看《我要做厨神》《英国达人》又或者《大英烤焗大赛》时想过“我也想干这样的事”呢？你有没有梦想过把自己的商业计划化为现实，或者把已经在脑内酝酿已久的点子写成书或者做成短片？你是否经常会听到“我真应该……”“总有一天我要……”之类的话语如同闹钟在不断地回放？

只要对自己够诚实，我敢打包票我们或多或少都会有过一些很希望去尝试的挑战。因为一些原因，我们与自己想要达成的事情之间总有一道高高的墙壁，使我们常常“望墙兴叹”、梦想成空。

那么问题来了，我们怎样才能打破这堵墙呢？我们怎样才能跨过这些阻挡在我们面前的障碍？

在这本书中，我将探索当我们遇到这些困难时，我们的大脑是如何运作的，还有我们的脑内小细胞们到底都想了些什么，感受到了些什么。我们将会学到如何从内部负担起一个惊人的挑战，并把我的第一手经验传授给你。我们将会一起学到这些世界通用，并且可以套用在任何挑战上的知识。

你是否向往着一段旅程?

你是否向往着跑到一个稍微有点温暖、还有点潮湿、黑暗、水汪汪的地方？我敢打赌你不会天天收到这样奇怪的邀请。是不是有点兴奋呢？我现在成功地把它推销给你了么？为了更好地理解和体会，我们有必要先到挑战开始的地方旅行一番。

我说的这个地方，是我的大脑。更准确地说，我想邀请你进入我的大脑和我的思想。我将会带着你跟我一起走过那些我经历过的“挑战中的挑战”，并帮你将它们适用于各式各样的挑战。不管它是肉体上的、心理上的、商业上的还是习惯上的。我知道光是我的耐力挑战草案便会颠覆一大堆挑战。这也包括了你的，不管你的挑战到底是什么。这些“挑战中的挑战”大多数都是脑内的搏斗。你的脑内将会有一段辩驳、一段你的欲望和恐惧之间的战斗。你的梦想和质疑也会在脑内玩拔河，并且最后大概会有一个声音在怒吼：“够了停下！我受够了！”

克服这些脑内纷争，恰恰是我们的首要任务之一。

路途中，我们也会思考要如何养成战胜挑战所需要的心态。在写作《星光闪耀》和相关的调查研究中，我看到了很多世界级选手们是多么不折不挠。安迪•麦克梅尼在跟腱撕伤的状态下跑了超级马拉松。布鲁斯•邓肯在铁人三项的前两个小时中腿上受伤，却还是坚持6天完成了整个挑战。登山运动员阿伦•欣克斯差点就要屈服并死在山顶上，但他还是攒起剩下的力气下了山。还有迈克尔•E. 桑顿跑入了一个枪击案现场，被射中了两次，依然救出了自己的朋友和队员。

在我研究世界级选手和体育健将的过程中，我发现他们人人都有着百折不挠的精神。

那么问题来了，我没有。说实话，我还有点窝囊。我对苦难的承受能力十分差劲。当我妻子拔我身上那些长到一半的毛发和挤破我背上的痘痘时，我喊得像一只惨叫的鸡。当我锻炼身体时，一旦我开始喘不过气或者肌肉酸痛，就会马上放慢速度。我真的适合这种挑战吗？我是不是一个坚强的人呢？你是吗？你上次遇到困难并硬着头皮克服它，而不是一旦开始觉得不对劲就退缩是什么时候？没关系，这没什么好羞耻的，这都很正常。

放弃并因为自己现在不坚强，就觉得一辈子也不会变好，是十分容易的。但跟别的能力一样，坚强和韧性都是需要锻炼出来的。我们要如何创造出这个脑内盔甲呢？这个旅途将会帮助我们理解成功的必要条件和如何去发展它们。

不光是我

在我们旅途的开始之际，我想要引用几位朋友的例子。他们也都同样完成过惊人的挑战，比我的挑战强好多倍。与描述我的脑内搏斗一起，我也想分享一下他们的经历。充分理解他们的应对方法，能够帮助我们迎接自己的脑内缠斗并战而胜之。他们到过那个高度，成功了，并且有充分的佐证来证明。他们的旅途为我们指明了一些我们即将遇到的问题。他们的经历也能够帮我们描绘出那些珍贵的世界通用的经验和方法。这些经验和方法便是我们挑战旅途上的导航员。

我想要向你介绍……

★ 安迪·里德

安迪曾经是英国军队约克郡军团的一位下士，在阿富汗的赫尔曼德省服役。2009 年 10 月，安迪因爆炸物而受重伤。虽然他奇迹般地生还，却失去了双腿、右手手臂和左手的一只手指。安迪的挑战便从那颗炸弹爆炸的那一刻开始了。但在我采访他时，这个本该躺在床上的人却像正常人那样走路、行动和交谈。

★ **史蒂夫·威廉斯**

史蒂夫是个奥林匹克双冠金牌得主。他曾跟马修·平森特和詹姆斯·克拉克内尔这些传奇运动员一同划船。他曾在 2004 年雅典奥运会和 2008 年北京奥运会中共获得两块金牌。他也曾获过四次世界冠军，并在 2009 年获得了大英帝国官佐勋章。他除了作为划船手有着惊人的事迹外，他在 2011 年的考察中还滑雪滑到了地理上的北极，爬上了珠穆朗玛峰。

★ **罗宾·贝宁卡萨**

罗宾是探险赛的世界冠军，也是极度耐力挑战的吉尼斯纪录持有者。她完成了超过 40 个“多日多项冒险赛”，也在 24 小时皮划艇中创下了世界纪录。罗宾也是圣地亚哥的一位消防员，还创办了一个名为“雅典娜项目”的慈善机构。

★ **我的兄弟，乔恩·哈特利**

乔恩是个走出了搬离英国，去德国创业的大胆一步的普通小子。当他做出这个决定的时候，他连最简单的德语都不会说！对一个英国人来说，这可算是个巨大的挑战了。

这些人都有着他们自己的智慧和可贵的见解，而我们可以把这些用于自己的挑战中。

找到属于自己的挑战

你如何对一个挑战做出决定？如何从单纯地想做点什么的模糊大概念，变化到一个完整的、有着清楚定义的、有质量并且吸引人的目标、计划并加以实现?

我是从单纯想要做一件真正挑战自我的事情开始的。但我并不知道那是什么事。当我让自己的大脑在疑问中游荡的时候，有几个点子冒了出来。我花了点时间来一个个思考、想象。一个点子与别的点子产生联系，慢慢成长。没过多久，我便想到了几个可能性。我是从那些十分有耐力的运动员那里受到启发的，所以所有的想法都跟体能上的耐力有关。如果我不是已经开始了几个小生意并锻炼了自己的商业能力，我可能会将之视为对自己的挑战。同样的，如果我没有出版我的第一本书，我也可能将成为作者视为对自己的挑战。在商业和写作领域，我已经开始了一些挑战并在这些领域中测试着自己。然而，我很清楚自己从没有挑战过体能上的极限，所以这占据了我的想象。

可以作为挑战体能极限的选项很多，那么哪一具体挑战才是我的选择呢?

我海阔天空地设想了一些可能性，那几乎就是像试几件不同的衣服来看哪个更合适自己和当时的场合。我是否要去试试超越别人的成就呢?又或者去拾起一些我读到或听到过的挑战?我甚至同时有过三到四个点子。它们全都是十分困难的挑战。虽然它们都十分具有挑战性，但只有那一个点子让我兴奋不已，肾上腺素飙升。也只有那一个点子，会让我不停地回想和想象。每当我想到它，我的脸上都会浮现出一丝笑容。它令我兴奋、好奇。我开始每天都在想着它到底是什么样的，我能如何试着去实现它。以我的经验来说，这就是当你知道自己想要什么的时候。

所以，它到底是什么呢？我的荒谬挑战是什么呢？我能否用皮艇一路从伦敦划到约翰奥格罗茨（苏格兰最北部），再从约翰奥格罗茨到天涯海角（英格兰的最西南端），再从天涯海角跑回伦敦？这是一个超过 2000 英里的长途。它包括了在北海里划 900 多英里的皮艇，再骑 900 英里的车，和跑 300 多英里。我能在 40 天内完成吗？这可真是个激动人心的挑战！这也似乎是个从未有人尝试过的挑战。其中单独的一项都有人干过，但并没有人把它们集合起来成为一个挑战。

有趣的是，当其他人开始一个不寻常的挑战时，它们似乎也有着同样的心路历程。想法是逐渐浮出、成长，并最后成型的。

罗宾·贝宁卡萨曾解释道，自己只是在一本杂志上读到了冒险赛，而那吸引了她。她知道自己很擅于长途比赛，然后逐渐就变得一发不可收拾。加入团队去进行比赛，挑战各种地形，这些都吸引着她。

我的兄弟，乔恩，跟他的伴侣阿斯特丽德讨论了很久关于搬到德国的事情。他们逐渐到了一个已经下决心要搬，却没有意识到这一点的状态。那已经只是一个时间的问题了，只是等待一个启动的时机。对乔恩来说，足球赛季的结束便是这个完美的时机。因为他当时在做与足球相关的工作。对阿斯特丽德来说，那是她大学毕业的时候。自然地，这帮他们决定了何时是完美的启程时间。

是谁给了你启发？你立志想要达成什么？你有哪些点子，它们看起来又有多疯狂呢？是哪些点子让你成天做白日梦，念念不忘？是不是有一些想法常常与这些话语一起冒出来，像是“我能不能……”或者“如果我可以，那该多好……”又或者“难道我能办到……”当你放飞你的想象力，它能拓展到哪里呢？当你抛开所有的拘束，忘掉所有的“常识”，你又能想象出什么？你所梦想的冒险有哪些？如果你不被那些谨慎的话语束缚，你会做些什么？又或者借我朋友的话：“如果你知道自己不会失败，你会去做什么？”

是否有某一样东西，每当你想起它，它都会让你的嘴角上扬，兴奋莫名？如果有了这样的感觉，那么就是它了，属于你的挑战选择。

第一章

开 端

“最先是灵光一闪；然后把它整理成一个想法和计划；再把这些计划转化为现实。一切的开端，你会观察到，都是你的想象。”

——拿破仑·希尔（美国知名作家）

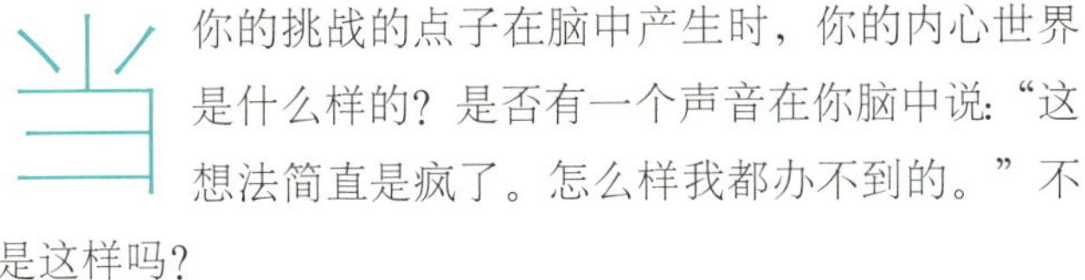

当你的挑战的点子在脑中产生时，你的内心世界是什么样的？是否有一个声音在你脑中说：“这想法简直是疯了。怎么样我都办不到的。”不是这样吗？

十分简单，这就将你挑战的点子轻易抹杀了。它们大概就跟那些掉在了地上却永远不会发芽的种子一样吧。但它们依旧是可贵的胚胎。以“疯了，我肯定办不到”或“我根本不知道怎么开始”封杀它们实在是过于简单。当初，我想到要以体能耐力作为我的挑战时，几乎同时就冒出了另一个想法：“我根本就不是一个有耐力的运动员啊。”

我们是否常常用自我知觉来限制自己的想象力和潜力？我们是否近乎本能地认为只要是自己从未接触过的，就是我们办不到的？

我很好奇，在漫漫的历史长河中有多少人曾经产生过可能是“伟大发明”的点子，却没有把它们培养成真正的“伟大发明”，原因仅仅是他们自己不觉得自己是“发明家”。有多少可能伟大的企业，因为产生想法的人一句“我不是经商的料”而变得不存在？在你的日常生活中，你曾经买到过多少使用不便或是有缺憾的产品，心里想着“需要发明这么一个改进就好了”？你听到过多少次身边的人感叹：“为什么没人发明出一个……”等等，等等。

我想，很多亿万富翁或者伟大人物就是在这种时刻里诞生的。在这些想法冒出来的每一个瞬间，我们都有变成非凡之人的潜力。我们的大脑中每时每刻都在闪耀着创意的火花。而这每一个火花都有可能改变你的人生，又或者是别人的人生。一些人拾起这些火花并着重培养它们。他们每时每刻都在寻找着实现这些想法的办法，为了将这些火花培养成熊熊大火。而另一些人会让它们自生自灭。大概这就是创业家或伟大的人和一般人的区别吧。成就自我、创造奇迹，也许重点就是给予这些小小的火花生命，有去培养它们的意愿和行动。

在电影《盗梦空间》中，柯比将想法比喻成病毒："有

我们的大脑中每时每刻都在闪耀着创意的火花。

韧性，又有很高的传染性。当一个想法在我们的大脑中生根，那就很难再将它铲除了。一个完全成型，已经被完全理解了的想法，更是会被稳稳地粘在这里。”他指了指自己的太阳穴，“……就算是一个再小的点子，它都有成长的可能。它可能成就你，也可能毁了你。”

所以我们要怎样保证我们的点子能顺利成长呢？我们要如何去靠近心中的理想？我们要如何拾起这小小的火花并把它培养成熊熊大火？

我觉得这个答案其实意外的简单，那就是“让子弹飞一会”。

想象一下，如果你在这个点子冒出来的时候没有去将它碾压掉，没有马上放弃呢？如果你将它拾起，把玩一会儿，琢磨一会儿，甚至开始想象自己去实现它，那又会发生点什么呢？谢天谢地，这些事情都是可以在我们的大脑中安全地做到的。我们不一定要立马就把这件事告诉别人。我们也不用承担把自己变成笑柄的风险，我们更不需要去经历尝试后的失败。只要在我们大脑的安全区域里，它就可以开始成长。真相就是，只要我们抑制住否认它的冲动，我们便可以给这个想法以生命。

诚然，不是所有想法都是好的。就像柯比在《盗梦空间》里说的，这些点子可能成就我们，也可能毁了我们。一些点子说不定还是早早被碾压了比较好，但不要轻易这么做。“让子弹飞一会”你并不会损失什么。然后你会发现，那些好点子，是我们需要关注的。这些好点子可能看起来有点吓人，但这可不是一个毁掉它们的理由。

好点子看起来可能有点吓人，
但这可不是一个毁掉它们的理由。

从零开始

要想出一堆不去做的理由十分简单。不管做什么都会有潜在的障碍和阻碍。艰难的挑战不会轻易达成。但我们也都知道，它们也是最能给我们带来成就感的。

当你在构想自己的挑战时，你很有可能会产生许多五花八门的想法。如果你现在的生活已经被每天的任务、责任、职责所挤满，毫无空隙，那你要怎么挤出时间、精力来面对这个重大的挑战？如果光是解决你邮箱内的一封封来信就已经够令人头大，你又要从哪里找到时间和精力去突破自我？有时候，光是想着要应对自己眼前的事情，就已经像是在挑战极限。但这跟真的去做一件能让我们成长的事情是不一样的。管理自己日常生活中的必需和踏上一个可能改变一生的旅途，是完全不同的。同时，解决我们的邮箱来件可能会很有成就感，但探索自身的潜力会更加有意义。你永远都能找到很多原因，阻止自己去面对那些看起来会占据大量时间的挑战。有时候，我们需领会自己迎接挑战的原因，从而找到生活的平衡点。

阻止我们踏上这个所谓荒谬旅途的原因多到数不过来，它们还个个都很有理。

前面我是不是提到过我并非是一位运动员？我的起点跟很多人都是一样的。挑战体能耐力这个点子在我脑中浮现的时候，我大约每周跑几次步，每次三到四英里。基本上每次都在半小时内跑完。我每周跑的英里数基本不会到二位数。其实，在我开始为这个挑战锻炼前，我跑过的最长距离也就是半个马拉松，那还是三年前的事情。我最大的运动成就？好吧，我曾在约维尔的 18 岁以下赛区踢过球，大学的时候代表了我的大学去参加橄榄球比赛。

我知道这实在是算不了什么。我从未拥有过公路自行车，并且我开始为这个挑战准备的时候已经六个月没骑过自行车了。我骑行过的最长距离是 19 英里，那还是我 12 岁参加童子军时候的事情。在我成年以后，骑车的最长距离大概只有 12 英里，我想这足够证明我在骑车方面也不是什么专家了。

我也没经历过什么像样的冒险。我从没爬过山，绕着英国划船，或在任何海洋中游过泳。我大学的时候曾经跟一些朋友一起徒步上过本•麦克杜伊峰（苏格兰第二高山峰），那是 15 年前的事，已经算是我人生中最像样的一次运动了。我没有任何装备或充足的资源，无法需要什么就随意去买，也腾不出大量时间来锻炼、计划和准备。我经营着自己的生意，所以时常要在生意和家庭生活之间做出平衡。对一个年轻的家庭来说，资金是很有限的，所以我也不能靠写支票来解决问题。

我觉得说自己是从零开始并没有错。是的，从零开始。这会使任何挑战都变得更有难度。这不是拓展一个我已经有了的技能，因为我根本没有这方面的技能。我也无法从自己的经历中得到帮助，因为我也没有这方面的经历。说实话，对于这个挑战，我没有任何参考。但是在某种意义上，这种无知说不定也有它的妙处。没有任何供我参考的基点，所以也没有任何先入为主的成见。如果一位专业骑手的个人极限是一天骑行 100 英里，那他可能会觉得一天骑 200 英里是疯了。一位马拉松运动员也可能有着类似的见解。然而，当你没有任何参照的时候，这种限制也就消失了。

因为一无所有，所以你的大脑是自由的，什么目标都是有可能实现的。我们需要做的，只是想出达到目标的方法。

“2004 年我 26 岁的时候，我踏上了从俄罗斯去加拿大的旅途，横穿北冰洋。那时候很多专家都说这不可能。但我很走运，并没有人这样告诉我。”

——本·桑德斯（极地探险家）

有时候不知道何谓可能何谓不可能是好事。只要我们不知道它是“不可能”的，那对我们来说一切都是可能的了。

有趣的是，史蒂夫·威廉斯，一位奥林匹克双料金牌冠军，并不是个天生的运动员。他解释道，自己的母校当时只是个普通的划船学校，只有十分普通的目标。他还是个起步很晚的学生，他补充道。他记得在当年学校的越野赛中自己总是倒数第一或第二名，那时挤破头想的只是要进学校的预备队。跟许多孩子一样，他也有成为奥林匹克运动员的梦想，他花了很长时间才把梦想转化成了有可能实现的理想。

如果史蒂夫能从学校越野赛的倒数第一名变成奥林匹克冠军，那说不定我也有希望！本和史蒂夫都证明了就算你完全没有直接的经验也没有问题。你也不需要是个“与生俱来”“天生就会”的人。世界上没有几个天赋异禀的人。每个人都要有自己的开始，就算是世界顶级的人物。你可以从零战绩开始你的战斗，只要你想出作战方法即可。大多数人听到学校越野赛最后一名，大概会得出史蒂夫“不适合运动”的结论。的确，如果你在学校里的运动并不好，那当奥林匹克运动员这个梦想看上去是很胡扯的。但史蒂夫·威廉斯却向我们证明了：你的过去不等于你的未来！

如果挑战选择了你，怎么办？

如果不是你选择了挑战，而是挑战选择了你呢？

安迪·里德肯定是不愿被炸弹炸掉双腿和右臂的。他解释道，自己的挑战是被从阿富汗送回，在伯明翰的医院里醒来的那一刻就开始了。“我一醒来，发现自己在英国。那是炸弹爆炸的两天后。医生向我说明发生了什么，说我没了双腿和一只手臂。说实话，我听到的时候并不惊讶，因为我能感受到原本我双腿和手臂的地方空无一物。我只是这么对自己说：‘行吧，至少我还在这里，而我的一些朋友们已经不在了。我是生还者，不是受害者。’”

安迪继续解释道，第一步便是必须接受已经发生的事情。

“我知道我没了两条腿，我接受了。我是在知道风险的情况下参的军，所以我要背负起对自己的责任。之后我继续想：‘好，接下来呢？我需要做些什么？’”

对很多人而言，包括安迪在内，这些挑战都十分艰巨，几乎让人难以承受。但是，既然面临了就接受它。逃避不能解决任何问题。他就决定应对这个挑战。

有时候挑战的确会不请自来。在我的人生中，我因失败的生意破产过两次。两次破产对我来说都是巨大的挑战。在这种情况下，我们都必须面对挑战并选择是否接受挑战。同样，我们也有退缩并逃避的选择。安迪·里德曾经也可以选择这条路。他可以选择作为一个受害者，一辈子被轮椅所困。也许是我们对这些挑战的理解决定了我们如何选择。我们是把它视为一个挑战，还是一个威胁？我们是更注重这个经历给我们带来的潜在利益，还是它失败的概率？每天，这些挑战都会以很多不同的形式呈现在我们面前。一些很大，一些却很小。一些人会把它们抱入怀中，而一些人会选择拒绝。

你又会怎么做呢？

从开始的想法，到实践的决心

不管它是怎么来的，要让一个想法成立并成长，我

要让一个想法成立并成长，我们需要培育它。

们需要培育它。我们需要花时间去思考它，并让我们的想象力去跟它互动。如果我们这样做，说不定还能开始对它产生兴奋感。超级马拉松运动员，安迪·麦克梅尼，描述了当他遇到新的挑战时，是如何感受到肾上腺素上升的。这个简单的过程会帮助我们在感情上与自己的点子产生共鸣。如果一个挑战能让人感到兴奋，那它更容易与我们建立密切的联系。

为了能够完全投入一件事，我们需要沉迷在这件事里。为此，我们必须爱上它。就像结婚成家一样，前提是你要爱上你的另一半，甚至可以为了你的另一半死去活来。我们的挑战也是如此。为了能把自己完全奉献给它，我们需要跟它相爱。意料之中，我遇到的所有世界级人物们都对他们所做的事情有着巨大的热情。热情和热爱是携手不离的兄弟。

所以我们要如何培养出热爱和热情呢？生活经验告诉我们，“一见钟情”和“丘比特之箭”都是有可能的。有时候它就是这么简单。

然而，很多时候坠入爱河的过程十分缓慢。一开始我们都只是喜欢某样东西，然后变得十分喜欢，再到喜欢得不得了，最终才转变成爱情。

我的兄弟，乔恩，解释了他为何要放弃在伦敦的舒适生活和工作，跑去德国创业。一切的开端是他为了看世界杯而去了几次德国。他开始欣赏起德国文化和德国足球。持续了几年后，他变得迷恋那里并开始幻想自己生活在德国。他开始想象那样的生活是什么样的，他又将如何去适应那里的文化。同时，乔恩也在寻找一个新的挑战。他曾经在美国住过，但在那里他感受不到特别的刺激。德国不一样，在英文不是第一语言的国家里生活，对他来说是个迷人的挑战。他在自己的事业上也到了想寻找新挑战的高度。似乎是对挑战的渴望和根本上对德国之爱的融合，使乔恩最终做出了这个决定。

站在乔恩的立场上想一会儿。想象一下自己开始向往异国他乡的生活，你会对此感到兴奋和好奇。想象一下，为此你必须做出信仰的跳跃。离开自己舒适、熟悉的环境和生活，并且知道这个举动将会超出你的控制。你会有什么感受？你又会怎么做？

为了让我们的想法成长，我们必须让它生根发芽，并孕育它一阵子。你的大脑就像是一间育儿室，给幼苗们提供一个安全的地方供它们成长。抑制住偏见和毁掉它们的冲动，我们给了它们一个与我们互动、令我们兴奋的机会。这些想法可能看起来有点吓人，但这不一定是一件坏事。然后我们开始好奇“如果这个想法成为了

现实”的那一瞬间的到来，而这就是我们需要决定是否为它贡献出自己的时刻。如果我们想将点子变成现实，或许我们只需要先跟它坠入爱河。

那些最终成功的人常常都对自己的所作所为有着无比的热爱。简单来说，他们是真的真的，很渴望它。

章节总结

- ★ **你是否有一个让你心动，却不敢去实践的挑战？**
- ★ **如何缩短自己与理想之间的距离？**
- ★ **如果你抑制住摧毁自己想法的冲动，会怎么样？**
- ★ **如果你让自己跟它们相处一阵子，会怎么样？**
- ★ **你是否热爱自己的目标？**

第二章

为何

“如果你明白了生存的意义，你就可以接受任何生存的方式。”

——弗里德里希·尼采（德国著名哲学家）

维克多·弗兰克是一位犹太心理医生，生活在二战时期的维也纳。就如你想象的一样，当时纳粹德国正逐渐占领欧洲，奥地利可不是一个好去处。因为他是个值得尊敬的学者，所以有不少美国大学邀请他到美国居住，逃离欧洲。弗兰克回绝了他们，选择与自己的家人留在欧洲。不久之后，他和他的家人就被纳粹抓走了。他们被迫分开，分别被送进了集中营。被带到泰雷津集中营后不久，维克多·弗兰克便得知自己的父亲死在了纳粹的手里。接下来的两年里，他还失去了自己的母亲和新婚妻子。他一边在集中营之间漂泊，一边忍受了多年的痛苦。在他的书《活出意义来》中，他描述了自己和别的囚犯所面临的困境，以及他们是如何克服困境的。他发现那些有着明确的生存意义的人存活下来了。然而，如果他们的希望消失了，他们也很快便随之而去。

在写《星光闪耀》时，我听到许多人描述自己是如何挑战困境的。知道自己为什么要做，是他们的一个共同点。创造世界纪录的北极探险家本·桑德斯说，当自己和队友们开始一个新的挑战时，他们完全不知道要如何达成它。当他们拾起一个从未有人试过的挑战时，一点计划都没有。然而，虽然他们对怎么做一无所知，他们却很清楚自己为何要这样做。

史蒂夫·威廉斯也知道划船的意义对自己十分重要，并非仅仅为了获得金牌。我跟其他奥林匹克运动员也有过类似的对话。表面上，他们仿佛是被奖牌所驱动着。但奖牌说到底也只是一块金属。对他们来说，获得金牌所代表的真正意义是什么？奥林匹克运动员们都为此投入了自己宝贵的青春年华。每天早上六点半，他们拖着酸痛的身体起床，一周六到七天，逼迫自己突破极限。是什么令那个铁块如此地吸引人，有这么大的价值？史蒂夫·威廉斯提到，人生中最美妙的时刻之一，是带着金牌去他外甥的学校做一个“展示和讲述”。光是这点，就让他的努力具有价值。

安迪·里德解释道，让他想要再次下地走路的动机，是他希望和未婚妻（现在的妻子）一起漫步在红地毯上，给她正常人的生活的强烈愿望。他也想和别的士兵们一样，一起站在阅兵场上，而不是坐在轮椅上。这些欲望引领着安迪跨越他所遇到的一个个障碍和挫折。

这种强烈的意志在生意或其他事情上的作用同样如此。许多世界一流公司的领导人都说自己的公司“不光是为了盈利”。在《小巨人》一书中，玻·伯林翰（2007）研究了一群有意将自己的公司不光做大，而是做得更大的创业者们的动机。很多情况下，他们的理由都是为了

“我知道是

1% 的灵感和
99% 的汗水，

但试着在没有
那 1% 的
情况下努力吧 。”

回馈社会。很多其他领域的成功人士也都对这种情绪有着共鸣。

只要我们有足够的动机，那么找到实现的方法并不难。

那么，“动机”是什么？

对我来说，这很简单，我只是想要回答“我能办到吗”这个疑问。我想知道自己能走多远，想去探索、发掘自己的潜力。这可能看起来像是个奇怪的答案。你也可能正在想：“然后呢……不会只有这些吧？”

这就是你拾起这个挑战的原因？到底是什么驱使你去做这件事？你的“动机”到底是什么？

我对动机感到入迷。在我们的动机背后是我们的起因，是“为何”。然而，我们的动机常常都有好几个层面。事实上，我们的一生中都有许多个不同的冬季，而不光是一个。举个例子，可能我也有点想要被他人注目，想要因为这个挑战而让我获得尊敬。所以，这是一个展现自我的机会吗？我是为了看起来风光才去做这件事的么？是不是我也有些想要别人对我说：“哇！这可太厉害了。”说不定做点其他什么比如筹款也有这种可能呢？我的动机里是否包含了想要为慈善机构筹钱？还有专业造诣和个人简历呢？这个挑战是不是能丰富我的经历，让我的书更加畅销，加强我在专业领域的话语权，和兴隆我的生意呢？说实话，如果只是想要给简历镀金，比这更简单的方法多得是。

重点是我们常常不只是有一个动机。和很多事情一样，这些动机所占的比重并不均衡。有一些是很核心的，而另一些可能很边缘。有一些十分重要，而另一些却无关紧要，甚至随时可以放下。很多时候，我们不会质问或评测这些动机，我们只是让它们默默地为我们的动力打气。然而，也有些时候它们的确会受到考验。要知道，当我们的这些动机受到考验时，它们很有可能会消失。

与其等着在挑战的过程中，让环境和情况来检验这些动机，不如我们自己事先评估一下这些动机。看看哪些是核心的，哪些是边缘的。

关键性测试

想一下你现在面临的一些挑战。你为什么要挑战它们？又或者你的动机是什么？跟我一样，我相信你也会有很多潜在的答案。而哪些是至关重要的，哪些又不是呢？

关键性测试是一种通过找出每个动机对动力的影响，从而排除一些非核心动机的测试。

有时候，当我们舍弃一个动机时，它可能对我们的动力几乎没有影响。我们会像是无事发生一样继续前进。然而，有一些动机是如此重要，一旦没有了它们，我们会不知道要如何迈出下一步，我们会茫然若失。如果我创业的动机是梦想自己有高薪、大房子和闪闪发光的新跑车，但发现就算自己把所有的时间通通放到工作上，生活却还是过得紧巴巴，那时候我的动力可能一下就消失了。很有可能，我最终会觉得“我干这些有什么意义？”但如果我的动机是把自己真正的爱好变成工作，做自己的主人并且以自己的工作为荣，那可能只要我的日子还能过得下去，我的动力就会一直存在。

为了更好地说明这一点，我将自己作为小白鼠吧。潜在动机就用我之前提到的那个。这时会产生很多种可能：如果我启程了却失败了呢？如果它不能让我变得帅气呢？如果最终我看上去像是个傻子呢？我的运动记录告诉我这很有可能。我的第一趟皮划艇课只持续了10分钟，然后我就翻船了，只能拖着划桨游回岸边。这跟优雅、轻松、风光地划着船的形象差了十万八千里。我亲爱的妻子经常告诉我，穿着骑车套装的我就像是一个智障。一些人穿莱卡纤维很是帅气，但我不是他们中的一员。我的体型根本不允许我穿这种紧身衣。再加上几身汗和长时间骑车后无法好好走路的奇怪体态，你脑内可能就有个大概形象了。同样，我也没有学会穿着全是鞋钉的骑车鞋走路这个独门绝技。

所以，如果我是为了让自己看起来帅气，那么这时我的动力已经随风飘散了。随之而去的还有所谓的挑战。

我们的动机常常是由一些司空见惯的习惯性思维所组成的。当你开始思考自己对挑战的欲望时，可以试着反思一下这些常见的因素。

比方说，他人的尊敬？这大概是现代社会里最强烈的一个动机了。为什么人要那么努力工作，能拥有大房子、花样徽章的大车、时髦的新衣、又或者新的职业头衔？都是为了什么？如果我们对自己够诚实，那车子的牌子不一定等于它的舒适度和可靠度，毕竟车子本质上只是个交通工具而已。不可否认的是，很多人买一些品牌商品是为了自身“声望”上的提升，满足虚荣心。这大概也同样适用于你所谓的高档小区和衣服、鞋，还有包上的标签。一双印着品牌商标的鞋，真的跟旁边那双只是它十分之一价格的鞋子差别那么大吗？有很多人买山寨奢侈品这件事便可以让我们明白很多。有时候，它的商标就足够了，甚至连它的质量是否与价格相符都不那么重要。如果把商标拆掉，我们真的能分辨出来么？所以，拥有这些标签到底是为了什么呢？说不定，这都是为了从我们身边的人那里得到所谓的尊敬而已。

想要给我们的简历贴金，想要被注意到，想要提高收入，想要在专业水平上更上一个台阶，这些又怎么样呢？我们做这么多，是不是为了在同行的眼中看起来是个“成功”人士呢？

通过“关键性测试”，我们就能看到这些潜在的非核心动机的影响。如果你成功完成了挑战，却无人问津，你的收入也没有因此提高，你的职业位置也没有任何变动呢？这件事对你来说是否还有意义，还是它只是单纯地浪费时间？

我觉得这些事情就像是锦上添花。有了当然好，如果没有，也不会影响到我的动力。我对自己的这个挑战感到好奇，我很想知道自己能走到哪一步，知道自己的极限和边界。去年秋天的某一天，我给自己定下了一个小小的挑战，在一天内跑完马拉松。那是一个在办公室的普通星期二。我从早餐前便开始了这项挑战，先跑了10英里，午餐后又跑了6英里，最后睡前再跑了10英里。我并非必须要完成这项挑战，我只是单纯对此感到好奇，就想知道自己能不能办到。

充分理解自己的“为何”，能够为你的挑战打下稳定的地基。或许，动力是我们成功与否的最关键因素。当我们知道自己做一件事的真正原因时，我们也会理解可能会导致我们失败的障碍。我们能够事先预测到可能的问题。同时，我们也能够察觉到自己的动力到底有多充足，有什么会威胁到我们的动力，而哪些会将我们击沉。

它的影响有多大？

我们已经知道，关于挑战的动机是多样化的。我们也已经明白，拥有一个正确的动机才是至关重要的。如我们所见，如果我们最主要的动机消失了，我们的动力也要随之而去。如果我做这些事的初衷仅仅是为了给自己的简历贴金，增加自己在媒体的曝光率，那可能最终我会觉得“我干这些都有啥意义啊”。因此，我们也许可以把这类动机看做浅表性的可排除项。

这样的道理在商业情况下也是一样的。去年，我举办了两届“走向世界级”会议。虽然这两届会议不是“走向世界级”会议的首次召开，但它们是我们第一次以自己公司的名义来举办的。之前，我们只是与活动管理公司、媒体合作而已。我们并不是活动管理的专家，所以发起和承办这些会议对我们来说是个极大的挑战，要花费莫大的精力和时间。开始的时候，我们设定了一个挺大的收入目标。几个月后，我们发现自己离目标偏差了十万八千里。在这个时间点上，我们必须做出选择。我们的努力将不会得到多少回报，是继续还是马上放弃？做出决定的基准即是我们举办这个会议的动机。目的仅仅是为了赚钱么？不，这不是唯一的目的。我们想要举办一个对参加者，即那些商业领导们来说，意义重大的会议。我们想要他们在会后离开时受到启发，并且向他人传递这个会议是多么有意义。由此也为我们今后的项目打下基础，我们也想让更多人发现我们。所以我们决定继续坚持。最终，这个会议勉勉强强地达到了收支平衡。

这对我们所花费的巨量时间和精力来说，这并不是一个好的商业回报。然而，除此之外的每一个目的都实现得非常成功。

在旅途中，我们常常会碰壁、遇到困难，有时也可能头破血流。在这些时刻，我们将会面临不得不做的抉择。我们是要继续，还是停止？或者转换方向？而这就是我们需要依靠“为何”的时候。我们是否有一个推动我们继续的原因和动机？它是否坚固稳定？它足够强大到能在逆境中生存么？

让我们想象有两个人，艾伦和伯纳德，两人都开始了一个类似的挑战：爬山。艾伦的目的仅仅是想要爬向更高处，挑战更难的路线。他不太在意其他人是否会注意到他，或是因此去仰慕他。艾伦很喜欢爬山的过程，热爱去征服新的山峰。而伯纳德则是一位很有雄心的人，觉得不管做什么事情都必须要成功。可以说他为成功而痴迷。在事业和业余方面，他都很喜欢去挑战新事物。他把自己描述为一位“成功人士”，并在任何决定要做的事情上都能取得成功。

两人都决定要爬一座在他们看来“不怎么出名的小山”——珠穆朗玛峰。两人也都知道所需的开销估计会很大，也会有危险并且需要很多的时间、锻炼和耐力。伯纳德挺有钱的，事业也很成功，所以凑出自己需要的钱和时间并不是什么难事。而艾伦则需要自己去筹资，并且将所有的准备工作和锻炼跟别的工作同时完成。

在正式登珠穆拉玛峰之前，作为训练，他们需要先去爬一些别的山。艾伦很享受这个过程，而伯纳德则把它视为通往成功之路的必要经历。伯纳德多少有些不情愿，在路途上也经常显得急躁。他常常会失去耐心，如果事情跟他预想的不一样，他马上会烦躁起来。艾伦却很享受这段经历。比起在事情看起来不对劲的时候陷入烦乱，他只是把它看作一个更大的挑战，而这只会让过程变得更有意思，也更有挑战性。

当他们到达珠穆朗玛峰脚下的营地时，天气变坏了。他们不得不将行程推迟，等待天气转好。被困在山脚下的营地并不舒服。他们住在帐篷里，气温在摄氏零度以下，还只有干粮可吃。艾伦并不觉得这是个苦难这很难熬。但伯纳德很快就厌倦了并失去了耐心。很多登山者都在这里放弃了，因为他们不能坚持一直待在营地等着天气变好。他们也认为这么做并没有意义，便扭头离开了。这时候如果一位登山者暴躁地选择不顾天气就开始登山，结局通常都是他会惨死在山上。当然，如果你到此的目的是将达到山顶作为一项成就，那想要马上开始爬山的诱惑会很强。如果你在暴风雪中十分迫切地想要爬到山顶，而目的地就在100米之外，你会怎么做？如果你被到达山顶的欲望所驱使，那你可能会选择继续往前走。如果你一开始的目的只是达到自己的极限，那你有可能会开心地扭头就走，改日再战。

伯纳德来这里的目的很可能会让他难于做出选择：是要冒着生命危险尝试爬山，还是转身承认自己的失败？对一个自认为从不失败的人来说，这是一个十分艰难的选择。而对艾伦来说，这个问题就比较简单了。他大概会很乐意在山脚等天气转好后再安全地爬山。

你觉得接下来会发生什么呢？

“不要以成功为目的。
越是将其作为目标，
越是容易跟它错过。
成功，就像幸福一样，
不能被追求，必须是随之而来的。”

——维克多·弗兰克（奥地利著名神经学家）

什么更为重要？

你是否注意到，你常常凭借自己对事情重要程度的判断来做出选择和决定？

有时候你会去做些你不喜欢的事情，因为它很“重要”而不得不做。也就是说，你觉得有必要强迫自己去做这件事，不能坐视不理。我们的很多决定都是以此为基准做出的。在两个登山者的故事中，伯纳德可能觉得在艰苦的环境下继续爬山比被视为一个失败者更好。我怀疑很多人也只因不愿当众失败而轻易决定放弃某个挑战。而另一些人则觉得尝试挑战这个举动本身更为重要。

有趣的是，我接触并研究过的许多世界级人士，并不是很在意“成功”还是“失败”。他们仅仅只是对挑战极限和尝试新鲜事物感兴趣，即使知道自己很有可能失败。在他们看来，在一件自己从未接触过的事情上失败是很正常的。如果我们远远地离开了自己的舒适范围，那就应该预先做好失败的准备。对很多世界级人士来说，失败并不是一个问题，因为他们的动力来源从不是为了被别人看成是“成功人士”。他们能够在尝试、失败、学习、进步、再尝试的这个循环中找到乐趣。对他们来说，自身的不断进步才是最有意义的。

当人们在面对一个挑战时，总是能找出许多不着手进行的理由。可能是它“太贵了”，又或者是“太费时间了”，等等。而他们真正的意思是，“钱比这个挑战更重要”和“宁愿有些空闲的时间”。

很容易就能发现，那些成功者往往都很专一、坚定。他们在做出决定时，都会把这些成就放在许多其他东西的前面。商业精英、专家、创业者和运动员等，都会提到他们为了成功所做出的“牺牲”。换个说法，他们认为这个挑战很重要，可以为之放弃很多其他人会选择留下的东西。一些人会提到自己将“时间”作为牺牲比起花时间做其他事情，他们选择将时间花在追求成功上面。同时，这也意味着他们选择了优先考虑自己的成就，而非人际关系。在另一些例子里，这也意味着他们选择接受更低的生活水准或者更低的收入。这表明他们愿意为此背负起一些经济风险，甚至将自己的健康作为赌注。

在一件
我们从未接触过的
事情上失败是很正常的。

罗宾·贝宁卡萨在苏格兰的世界杯中，在知道自己臀部关节受伤的情况下继续比赛，即使这意味着又一次的关节置换手术（这已经是第四次了）。他也决定用膝关节软骨来帮助自己完成比赛，即使这意味着字面意义上的用双手来移动自己的腿。似乎对罗宾来说，完成挑战比自己的关节、骨头和身体都更重要。

你可能很好奇我为什么要把“牺牲”放在引号里。对我来说，选项永远是存在的。很多世界级的人物都承认自己是主动做出选择的。他们选择把自己的时间、金钱和精力都用在追寻自己的热爱里。他们做出这样的选择，是因为他们意愿如此，而不是他们不得不这样做。如果你花了很多时间在自己的爱好上，那么还会觉得这是“牺牲”吗?

然而，在一些情况下，人们会因情况而被迫做出选择。有的人需要得到一个结果，有的人渴望被承认，可能会觉得自己做出了“牺牲”。事实上，他们希望把时间、精力或金钱花在那些有回报的事情上。比起那些主动做出选择的人，他们是为了成功而做出“牺牲”。

达到平衡

一心一意经常与成就联系在一起。

但是我们也很清楚，一个人如果把追求成功当成生活的全部，甚至是生命的全部意义，那么我们会认为他是一个狭隘和有点自私的人。事实上，很多我遇见过的精英都公开承认自己非常自私。我现在正站在开始挑战的开端，思考着是否有办法在不让视野变得狭窄也不变得自私的情况下达成目标。我不想变成一个狭隘自私的人。我不会容忍自己变成一个不容变通、刻板的人，因为我的人生中有太多我所珍惜、不想牺牲的东西。

很多激动人心和令人满足的挑战都有其代价。如果一个挑战会将你最珍惜、最重要的东西作为赌注，那你大概会质疑它是否值得。我的挑战会花费许多时间、精力和毅力，这没关系，是我可以接受的。但如果为了完成这个挑战，我毁了我的婚姻或者我与孩子之间的关系，我肯定会质问自己是不是疯了。很简单，这说明我的妻子和女儿们比一个荒谬的耐力挑战更为重要。的确，这个挑战对我来说很重要，但没有重要到我愿意将自己和所爱之人的关系作为赌注。同时它也没有重要到我愿意为此破产。我意识到自己必须为此投进巨多的时间，不少的钱和大量的汗水。我知道我只是需要在睡觉和锻炼之间做出选择。我完全认识到自己将会常常感到浑身酸痛和劳累。我也愿意去承受不适和疼痛，但我不打算将这些强加到我身边的人身上。

因此，为了让挑战持续下去，我坚信其中必须要达到某种平衡。肯尼•阿特金森便是一个好例子。他是一位有着米其林星级的厨师。多年以来，他一直甘愿长时间工作，接受减薪，并跑到国家的角角落落，只为了成为一位最好的厨师。他并不是独自完成这些的，肯尼的妻子也跟着他同甘共苦。她也同时经历了长工作时间、经济上的艰难和变动。有趣的是，在“走向世界级会议2012”上，肯尼说不管是自己的职业还是与家人之间的感情，他都觉得必须投入相等的精力。他发现我们必须在其中找到一种平衡。

那么，哪些是你为了目标愿意“牺牲”的，哪些又

祝贺你！
你现在正式成为
百万富翁了！
太棒了！
亲爱的，亲爱的，
我做到了，我是百万
富翁了！
亲爱的，亲爱的，
你在哪儿？
2010？！
MAY 2014
2010.1.2
亲爱的约翰，
我需要离开你！
苏珊

不是呢?

抉择、抉择

为了成功，你愿意做些什么?

当闹钟响起时,我的耳边就会响起一段小小的对话。这是十二月又冷又黑的早晨5点15分。我的锻炼日程上写着“骑车”，这意味着我要在车库里的骑行台上骑上一小时。我不知道你的车库是什么样的，但在一个又冷又黑又潮湿的冬日早上，我的车库绝对不是一个舒适的地方。有一种诱惑，就是当闹钟响起时按一下“稍候提醒”的按钮。又或者干脆把它关了再丢到房间的角落去。当我听到铃声时，脑中便浮现出了几个烦人的问题:“我真的必须要起床吗?我能晚一点再锻炼吗?这真的很重要吗?如果我选择继续待在床上，真的会有很大影响吗?”

这就是人们要做出决定的时候了，他们是否真的愿意为成功而有所付出。一些选择会塑造出我们要走的道路。我们是要决定待在暖烘烘的被窝里睡回笼觉?还是把自己拽出床，穿上健身衣走向车库，花一小时看着雨滴到外面的马路上?大多数时候，我选择起床，因为锻炼比躺在床上更重要。但有时候,我会觉得休息更为重要,我需要恢复体力。

我的选择都是根据情况而做出的。有些事我不愿意去做，而另一些事我选择不去做。我是选择跟家人一起共度一个早晨，还是在自行车上锻炼三到四个小时?一个创业者是会花一笔钱去买创业所需的工具，还是把这笔钱拿去跟家人度假?毫无疑问，您也会碰到类似的选择和抉择。我一直觉得“为何”对这些小小的决定影响甚大。当然，最终就是这一个个小小决定的积累和叠加，决定了我们的成败。

为了“成功”，我们会失去什么？那真的值得么？

我认为我们的成功是由我们如何去达成挑战而定义的，而不仅仅是由结果定义。

章节总结

- **仅有一个坚定的原因是不够的，你还要有个正确的原因。**
- **你测试过自己的动机么？哪些是核心的，哪些比较边缘？**
- **你的抉择代表了你心中的优先度，哪些对你来说是重要的？**
- **你是否希望明天的自己比今天的更好？你是否以此为动机？**
- **你为了成功愿意做什么，又不愿意做什么？**

第三章
如 何

“没有什么是不可能的，
‘不可能’这个词都说：‘不，可能。’”

——奥黛丽·赫本（美国著名演员）

当大多数人开始史诗式的挑战时，我怀疑他们对如何成功毫无头绪。对自己诚实一点吧，如果你要挑战的是一件前所未有的事情，那根本就没有蓝图。

当我把自己的挑战解释给周围人听时，他们会问：“你要怎么办到啊？”我最诚实的回答就是：“我不知道。”当世界级人物开始某个挑战时，他们对这个问题也几乎没有答案。他们自己也是满脑子的疑问！

是的，这些疑问便是起点。这些疑问会引导我们，帮助我们找到答案。然而，光靠这些问题是不够的。要开始这段旅途，还有一个必要的因素，一个触媒，一个“仙缘”。我指的是什么呢？

好奇心。

当我们好奇的时候，我们一定会有寻找答案的冲动。我们会主动地去找它的解答。你是否见过被好奇心驱使的小孩子？他们对探索和发现，有着宛如㹴犬一般的韧性。如果我们只有疑问却没有好奇，那我们大概在疑问的阶段便会止步。如果我们的疑问太长时间都无法得到解答，那我们可能会产生不知道如何前进的结论，从而放弃。有可能我们永远都找不到答案。说不定这个挑战从头开始就是不可能的。但是当我们感到好奇时，我们便会一直寻找下去，直到得到答案的那一刻为止。

心理学家乔治·洛温斯坦（1994）把因好奇心而产生的动力比喻成一种热情。所以，当疑问和好奇心神奇地混合到了一起，我们会得到找到答案的绝佳机会。

现在你心里装着哪些大问题？你需要知道些什么？你要如何找到答案？你能去问谁？如果他们不知道，那他们知道谁有可能会知晓答案吗？

只要我们进入了状态，那剩下的过程便会自然地发生。每当我们找到一个答案，它通常会带着一个新问题。这个过程会变成一个探险，就像《绿野仙踪》里的黄砖路一样。

如果我找不到“正确”的答案怎么办？

问得好。如果那里根本就没有“正确”答案呢？如果只有“不同”的答案呢？不用质疑，肯定会有结果的。没有开始就永远没有结果，而开始本身就已经是某种答案了。当然，最终的答案也许和你当初的想象会有差异。一些答案会给出更完整的解决方案。但是，也的确有一些答案根本就不适用。对一个人来说是“正确”的答案，对另一个人来说不一定是“正确”的。开始、探索、修正、解决，这是一个过程。世上的路有千万条，适合你的那条路是靠你自己走出来的。

“我需要知道些什么？”

“我要如何找到答案？”

“我能去问谁？”

“如果他们不知道，那他们知道谁有可能会知晓答案吗？”

跟着黄砖路走吧！

当我跟一些足球运动员交流时，经常能看见教练把技术教给年轻的队员。一些教练会教给队员们“最佳”的踢球方式。这种“最佳”的方式常常是从指导手册中找到的。它常常被描述为被实际使用和测试过，是最有效率和最有效的踢球方式。但问题就来了。每一个运动员都是不一样的，一些人的腿更长，一些人的脚更大，一些人的腿是瘦的，另一些人的腿则有更多肌肉。自打他们还在母亲的子宫里时，每一个人脑内的神经系统就已经以不同的方式成长起来了。所以，每一个人的“最佳”踢球方式肯定是不一样的。

如果我们让每一个队员都找到属于自己的“最佳”方式，那会怎么样呢？比起设想一个正确的答案，我们能不能直接鼓励他们去寻找适合自己的踢球方式呢？

实际上，当你面对某个挑战，无论它是否与体能相关，都有许多不同的解决方法。很多成功人士的自传都描绘了各自走上“顶端”的不同路途。每个人都有着一些不同的经历，一路上也学习到了不同的东西。世界上不存在一条共同的起跑线。我的人生经历与你的不同，你的答案会以你的知识和经验为基础，而我会有我的。所以，我们的“最佳”答案也将会有所不同。

在挑战的途中，我们的需求和疑问都在不断地改变。就当我们开始有些进展，仿佛知道自己在做什么的时候，新的疑问就会冒出来。然后这一整个循环又再次开始。这是一个逐渐递进的过程，不断需要我们去寻找新的答案。

假设有这样一个问题：如何建立起一个数百万英镑的王国？其中一个答案是从创建一个每年赚几千镑的生意开始，然后等它逐渐壮大，每年赚几万磅，然后几百万磅。跟许多创业者和商业领袖合作后，我了解到了许多他们所走过的路途。生意的成长，往往都伴随着新的要求和挑战。为了达到这些新的要求，他们发现自己需要新的技能。打个比方，当他们刚以个体经营开始的时候，他们需要学习如何去运营它，突然就需要学会销售、营销、金融、税务、商业计划等等。很快，他们会发现需要去找一些自己身边的专业人士，比如会计和顾问之类。但是要怎样去挑选这些人呢？你怎么知道一个“好”的会计是怎样的呢？

作为人类，我们从尝试和失败中学到很多。我们很难第一次就做到面面俱到。通常，我们会边走边改进，慢慢进步。就像很多创业者都征服了这些最开始遇到的挑战后，又会遇到新的。如果创业者有个不错的开端，

那他们大概要逐渐开始找些员工了。那么有意思的挑战又出现了！我们如何去找到最合适的员工？我们如何去领导、管理他们？当我们放权让他们去做决定时，我们会有何感受？

当然，这个过程不仅仅限于企业家和商业。音乐家也走着类似的道路，他们从对着家人和朋友的本地小演出开始，到对着成千上万的观众在剧场和舞台上演出。这一路上，有一些稍大一点的场馆，有着数百或数千个观众。他们也开始演奏更难、技术要求更高的曲目。

最重要的一点是：我们不会一夜或是一步就成功。

运动心理学教练的经历也告诉我，不同性格和境遇的人有着十分不一样的对待挑战的方式。一些人喜欢“边走边想”。他们喜欢以一个简单的大纲开始，然后在过程中慢慢改进，慢慢地给计划加入细节，知道它会逐渐进化。而另一些人选择在开始前就做好一个细致的计划。他们会需要一份具体的计划书，并在开始前排除一个个不确定的因素。不管是哪一种，我们迟早都会开始并踏出自己的第一步。

“不积跬步，无以至千里；不积小流，无以成江海。”

——荀子（中国古代思想家）

动用我们的不舒适区

很多人都习惯把大多数时间花在自己的舒适区内，做一些我们熟悉、舒服、有信心的事情。

而一些人会主动踏出自己的舒适区，走入未知领域。我见过许多精英运动员这么做。那些最棒的运动员都熟知自己舒适区和非舒适区的界限。他们也都自己在非舒适区中，才能获得最大的进步。

我发现那些顶尖的运动员都会利用自己的非舒适区来促使自己不停地进步。他们会给自己制定一个在舒适区之外的挑战，像是去学习一门新技能，又或者是以不同的方式去运用自己已有的技能。

我曾见到过一位橄榄球运动员练习踢球。他会先在地上标出一个目标。一旦有了目标，他会挑战自己，要求自己连续 20 次将球踢到目标内。如果期间失败了一次，他就会从头来过。同时，他要求自己两条腿都能够办到。一旦他连续成功进球 20 次，他会把目标区域缩小并继续尝试。当他掌握了这个技巧后，他会让另一位球员给他传球，而他则试着把传来的球踢进目标区域。他特意要求传球不必完美，可以高，可以低，可以短，可以在前，也可以在后。这之后，他会再叫一个朋友在后面追赶他，这样他的时间和空间就更少了。每一次需要习得的技巧都变得更难。每次当他掌握了这个技巧，他又会改变目标，踏进自己的非舒适区。他的舒适区将因容纳这些新技巧而得到扩展，从而他能一再地开拓自己的极限。

所以为什么我们大多数人不这么做呢？为什么我们不肯踏出自己的舒适区并试图抓住每一个进步的机会呢？为什么我们会倾向于待在自己的舒适区里呢？

这是一个可能的答案——如果我们把大多数时间花在非舒适区里，那我们在大多数时间里都会“不怎么优秀”。

当我们踏入自己的非舒适区，我们很容易出错。人人都知道，当我们去尝试一个新事物，或者一个更难的东西时，失败的概率也会增加。因为出错会让我们心里不舒服，所以我们本能地便会选择避开犯错。

不是发生的事情带来了问题，
而是它会如何影响我们的心情。
更准确地说，是我们的自我评估。

不要因为我们犯了错，就认为自己是个“失败者”。这样的想法会让你止步不前，不敢去尝试和应对挑战，你很有可能只想着去避免它的发生。事实上，我们不一定要这么去联想，一旦犯错就觉得自己是“失败者”。这只是没有必要的成见，是我们对所谓“犯错”和“失败”的认知，引起了这种想法。

如果我们一开始就带着可能会失败的想法，开心地

如果没有人正在看着你，

你会怎么做？

踏入非舒适区呢？如果我们能够接受自己的错误呢？如果我们能够开心地面对被别人看到的自己的失败尝试呢？试想如果我们不在意他人是怎么想的，那我们会选择尝试并失败，还是完全不去尝试呢？

一对姐妹的故事

很久很久以前，有一对姐妹。姐姐六岁，妹妹五岁。这两个小可爱跟很多这个年龄的孩子一样，正在学习骑自行车。她们的父亲（如果你还没猜出来的话，是我）大胆地决定拆掉辅助轮。一个阳光明媚的五月下午，两个兴奋的女孩和她们有些紧张的父亲推着自行车走到了院子里，准备开始一个激动人心的任务：在没有任何帮助的情况下，自己骑车。这可真是个挑战！

让我介绍一下这对姐妹吧。像很多兄弟姐妹一样，她们相差甚远。虽然她们面对的挑战是一样的，她们的对应方法却截然不同。年长的那一位更为安静、沉稳，她也更倾向于在行动前先听取和考量各个方面的因素。而年幼的那一位在体能和运动上更加优秀，她的意志也十分坚定，甚至还有那么一点点固执。她的性子也比较急。比起事前思考，她更喜欢立马动身尝试。有时候这会使她成功，有时候就不会那么走运了。

开始的时候，她们的能力都差不多。她们都骑得摇摇晃晃，一点都不稳，需要很多协助。她们轮流在父亲的帮助下尝试骑车，而父亲给她们的建议也都是一样的——看着前方，不停地踏踏板。她们都尝试了，但也都没有马上成功。其中一位在事情没有按预期发展时便开始有些烦乱，并在父亲给她建议时显得有点急躁。她不想去学着怎样去骑车，只想一下子就变得会骑车。

而另一位则采取了不一样的对策。她会先试一试并主动地去听取建议。无可避免地，第一、二次会失败，但她每次都会做出细微的改进并再次尝试。她常常会说："刚才那一次不错！我觉得我在进步！"和"我差一点点就成功了！"她融入在学习的过程中，并意识到自己在进步，虽然每次的进步都只是一小步。跟她的妹妹不同，她并没有把这当做一件"非黑即白""没有成功就是失败"的事情。跟你想的一样，没过多久她就开始自己骑车了。一开始只是一米、两米，但逐渐变成三米、五米、十米……然后她就成功了。"爸爸，我办到了，我能自己骑车了。"

这些天真的话语好像公牛面前的红布。姐姐学会骑车的事实使得妹妹更想成功。不幸的是，妹妹的坚定意志是伴随着急躁和不耐烦的。她尝试了，却没有成功。再次尝试，却还是失败。妹妹认为只要没有成功，就是前功尽弃。她从不去寻找那些微小的进步，所以她看不到它们。她眼中只有她姐姐成功了，而自己并没有成功这个事实。她尝试了一遍又一遍，却还是一无所获。她变得更加急躁和不耐烦，又试了几次后便开始放声大哭道："我是世上最差的骑车手，我的车也是世上最差的自行车。”在她眼中，自己失败了。她得出的结论是姐姐就是比自己更会骑车。对她来说，这就像姐姐获得了一份大礼，而自己却没有。“这不公平。”

作为家长，看着自己的孩子在死胡同里打转并不好受，但这充分说明了不同的人是如何对待挑战的。这描述了我们对“成功”和“失败”的定义会给我们带来多大的影响，也显示了当我们把注意力放在过程而不是结果上的时候会怎么样。我们是否对达成目标的过程感兴趣？还是眼中只有结果？我们是否能够去庆祝向前迈出的每一小步？还是要把它们都视为“失败”？

要从哪里开始？

我见过很多人试图开始一个挑战，最难的部分常常是如何开始。然而，当你低头看着脚下的这一点路，你可能觉得“这看着还挺简单的”。

有几个人问过我：“你是怎么写书的？是怎么开始的？”答案其实挺简单的。我从一个想法开始，并把相关的想法写下来。一开始它们显得挺随意的，但过了一会儿我开始初步理解它们的意思，并能够把它们以某种顺序排列起来。经过一番移来移去的调整，最终我便有了个大概的提纲。然后我会开始写点东西，一开始看起来会挺粗糙的，我再把它编辑到差不多能看的程度。慢慢地，它看起来会有那么点像一本书了。

然后让我来告诉你不会发生什么。我没有被闪电击中，突然冒出很多灵感，书在我脑中成型的那一刻。我也不会坐在电脑面前，从头到尾一口气打出我的完成稿。

如果你站在山脚下望向顶峰，
这真是一座大山！

所以问题的答案是什么？
要从哪里开始呢？

就在你现在所处的地方，从你知道的东西开始。
从你办得到的开始。从疑问开始。
寻找出下一步，专注于下一步。一步一步来。

安迪·里德用他以前的人生经验来帮助自己应对挑战，遭受三等伤残后，他要如何去生活：“小时候我被卷入了一起交通事故。我妈妈的情况最糟糕，最终小腿只能截肢。但她依旧能够承担起一个家庭。所以我想，我是一名士兵，我应该是坚强的。她能办到，那没有理由我不行。”

我们都有些供我们运用的基础，一些经验、知识、之前拥有的技能。它可能显得微不足道，但它一直存在。如果我们把目光放在自己“拥有”什么上，我们更有可能找到“什么”。

当我为了这次挑战而开始训练时，我大概每周跑两到三次，每次三英里左右。每次跑完，我发现自己的身体都会僵硬酸痛上一两天，我开始觉得我的身体不适合连续的跑步。我想我的身体可能只要在每次跑步之间休息一天。然而，如果我想在挑战的最后从天涯海角跑到伦敦，我必须要连续跑 10 天，每天跑 35 英里。

三天打鱼两天晒网，这可不行。我决定每天都跑，必须坚持下去。我从一个周六早上的 4.5 英里开始，速度比较稳定，花费了 35 分钟，勉强在时速 8 英里左右。跟我预料的一样，周日醒来的时候我的身体有些疲倦、酸痛。尽管有些轻微的不适，我仍然决定换上运动衣继续去跑。我跑了两英里，耗时 18 分钟，大概时速 9 英里左右。我感觉自己像是累到要爬回家。第二天醒来后我觉得累得不行，但又去跑了 2.5 英里。速度一点都不快，

如果我们把目光放在自己“拥有”什么上，我们更有可能找到“什么”。

当你不知道
问题的答案时，
一个选择就是去问，
去尝试。

跑得也不好看，但我还是去做了。新的突破就这样实现了。

如果你觉得有了所有的答案才能够开始，那你大概永远都不会开始了。当你不知道问题的答案时，一个选择就是去问，去尝试。

像是在浓雾中航行

在挑战的征途中，有时候会有点不安，像是在可见度极差的浓雾中航行。很多时候我们都只能看见自己眼前的一步，再下一步就有一点模糊了。但你有没有发现，不管有多模糊，我们都还是可以看到一些东西的？就算那只是你面前几英寸的距离，你还是能够看到。当你往前走，你又能看到一些别的东西浮现，一些新的东西。如果我们一直能看见多少就走多少，我们会神奇地发现眼前不会永远只有浓雾。那里总归有一点点路是可以看见的。

当我们面对挑战时，情况也如此。

如果你开车的时候碰到浓雾怎么办？我觉得你大概会减速。有时候我们的视野很清晰，能看清前面很长一段路，我们会知道自己需要做什么。当我们逐渐感到自信，我们可能会加快速度。在别的情况下，我们可能会觉得自己需要减速。我们可能需要更多的答案，又或者需要花更多的时间来检查我们的轴承。

你一定会同意，这看起来似乎很合理也挺简单。然而，我们常常会将它复杂化。我记得当我开车遇到浓雾的时候，有时我很乐意减速并保持耐心。但有时我有事急着要去某个地方，这可恶的雾会让我迟到，我便会开始焦虑。我知道必须减慢速度但我就是不想这么做。每当我们在

你的理想队伍中
会有哪些人？
谁会
帮助你渡过难关？

过程中加入别的因素，情况就会变得复杂了。在这种情况下，我不想迟到。很明显这跟耐心有冲突。

如果在挑战的途中，我们给自己设下了一个期限，那我们可能会为此感到着急、焦虑，觉得自己的进度不够快。我们会开始在意自己是不是不会达成想要的成果。在这种情况下，我们会开始感到“压力”。我们需要事情马上就发生，我们现在就想要答案。如果我们找不到解决方案怎么办？我们会开始想象如果失败了会怎么样。

我们看起来会像是什么样子？其他人会怎么想？突然，我们的挑战看起来有点难以完成了。

让我们稍微改一下思考方式吧，让我们暂时忘掉结果。我回到自己的车里，开车去和别人碰面，然后遇到了浓雾。比起把关注点放在自己迟到上，为何不把它放在交通安全上呢？说到底，迟到了又有什么问题？我就那么在乎对方是怎么看我的吗？他们会觉得我不修边幅、不专业吗？我是不是把迟到和草率划了等号？如果我把准时看得很重，把它作为一种荣誉，那在目前的情况下也该如此吗？或许我需要挑战这些想法，并让自己耐下性子。或许赶快给要碰面的人打个电话，解释一下自己会晚到一会儿，是更好的解决方法。

我的兄弟乔恩，描述了自己在学习德语时有过类似的感受。“我该怎么办？我的作业通通不及格，我就是无法理解。我很担心我没办法以自己需要的速度去学习。”当你给自己设定了目标，而你又无法在限定的时间内完成它的时候，这就很成问题了。这种时候，你会开始怀疑自己。

选择开始一个挑战，无可避免地意味着我们会遇到不确定因素和令人畏惧的未知。这说明我们需要适应在“浓雾”中探索。这可能意味着我们需要变得更有耐心，不要过于在意人为设定的时间框架和结果。所以，我们需要改变自己的思考方式。

嘿！别把目标的门柱移来移去！

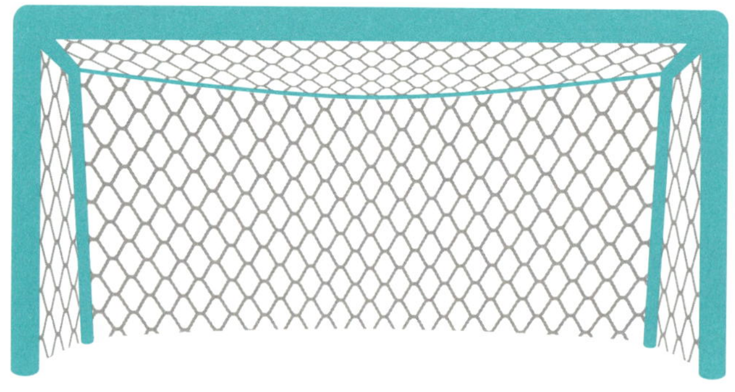

“变化是生命中唯一的永恒。”

—— 赫拉克利特（古希腊哲学家）

你有没有发现事情总是在变化？在你面对挑战时也一样。我们人类更喜欢确定性。实际上，很多个人发展指导专家都会建议我们要制订一个计划，设定进行步骤，并以此去努力。管理学大师史蒂芬·柯维说过：“设想好终点再开始。”

虽然这个观点完全没错，但我们必须牢记人生中充满变化。有时候我们设想的“终点”并不是固定不变的。我们在通往终点的路途上也常常需要一些灵活性。挑战和人生一样，是动态地变化着的。就算我们的终点不变，我们也可能需要换好几条路才能到达那里。一些世界级选手会把这个过程比喻成“逆风转向”，就像游艇那样。即使你有一个固定的终点，风向、潮汐和水流的变化，都会让你不得不随时改变自己的走向。有时候这可能只是些轻微的改变，有时候却也可能很显著。

我们原先的计划常常需要修改和更新。时间框架的设定可能会变，或者我们手中的资源会变。我们必须做好遇到意料之外事情的准备。我们必须预想到事情有可能完全不按照计划走。正如赫拉克利特所说，这是我们唯一能够确定的事情。

章节总结

- **当人们进行一个挑战时，他们常常不知道自己要如何去达成它。**
- **从疑问和好奇心开始，以你已经知道并可以办到的事情为基础。**
- **一个人的“正解”可能与另一个人的“正解”完全不同。**
- **你是否乐意去犯错和失败？如果没有人看着你，你会勇于尝试吗？**
- **必须预见到变化和不确定因素，因为这是你能够精准预料到的唯一事物。**

第四章

向你的非舒适区进发

“不是力量或者智慧，
而是不断的努力，
才是打开我们潜力的钥匙。”

——温斯顿·丘吉尔（英国前首相，著名政治家）

我一直把自己的耐力挑战形容成“荒唐”和“愚蠢”是有原因的。那完全就是疯了。但重点是，想要做一件特别的事情，那它肯定是在常理之外的。

在“走向世界级会议 2012”的最后，我提到了世界级人士常常都有点古怪。我的一位朋友前阵子提醒我古怪这个词的意思是“偏离中心”。辞典把它定义为“跟一般情况很不相同，使人觉得诧异”和“一个人做出不常见的行为”。跟一般情况很不相同又不常见……我是不是喜欢这个定义呢?

当然，世界级人物们都有着各自古怪的原因。他们并不普通。如果他们普通，那也只能做一些普通的事情，只会获得像常人一样的成就。事实就是，如果你想获得什么出类拔萃的成就，那“普通”是不行的。

一些人会避免做出异常或突出的举动。他们有意主

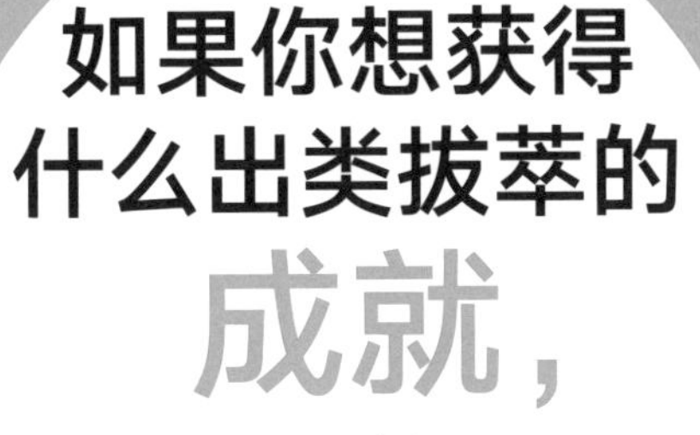
如果你想获得
什么出类拔萃的
成就，
那“普通”
是不行的。

动地去融入整个大背景，和所谓的古怪差了十万八千里。对一些人来说，远离常规是一件很需要勇气的事。那些不“普通”的人常常会成为嘲笑的目标。很不幸，媒体就很喜欢搞这一套。他们总是喜欢把注意力放在那些会被喜爱和嘲讽的异常的人身上。

在马尔科姆·格拉德威尔的《异类》（2008）中，他描述了文化影响、社会态度和被接受的常态，是如何影响我们看人的方式的。要做出舍弃“普通”的抉择，常常需要我们能够开心地做自己。我经常思索那些世界级人物们的事迹。他们中没有一个人做着普通的事情，也是他们获得如此成就的原因。他们中很多人都会做出一些看起来十分滑稽的选择。极地探险家本·桑德斯放弃了在英国军队中“合理”且“安全”的军官工作，选择了一个几乎不存在的“职业”。登山者阿伦·欣克斯放弃了一个“踏实”的教员职业，选择跟随自己的兴趣成为全职登山者。他们的事业顾问们会怎么说呢？

是时候脱离常态了，普通的规则并不适用。

“你这是疯了”

每次我跟别人说我的耐力挑战时，我就能听到这个回应。如果我只是从他人的眼中看问题，很可能我会在开始时就因挑战的难度而退缩。记得最近我曾向一位朋友描述我的早晨，我跟他说我的一天从一大早起床开始，跑半个马拉松，随便吃点早餐，把孩子送去学校，然后去公司。对他而言，这似乎是不可思议的。怎么可能会有人在上班前去跑半个马拉松呢？但对我而言，这并不是什么史诗般的事情。有时候我早上会跑五到十英里，有时候会更长一点。哪一个早上我时间充足，我会选择跑得再远一点。很明显，他的看法跟我完全不一样。如果你让自己以别人的视角来看问题，那你可能会被他们所想的“可能”和“不可能”所束缚。

我很好奇有多少世界级的发明家和创造家听到过有人对他们说“这根本无法达成”，或者“这根本不可能，你办不到的，就是在浪费时间而已”。有没有人在爱迪生的9000次失败后，对他说他应该放弃他的“电灯泡”？世界历史给我们展示了无数个创新、突破的例子。这些人把不可能化为了可能。我很肯定他们也绝对被说过如此尝试是“疯子”。

如果别人跟你说你就是在犯傻，那不可能成功，你会如何回应？你会接受他们的思考方式并采用他们的观点么？还是你会笑笑并继续自己的路？思考别人的想法对我们的想法有什么影响，这真是一件有趣的事情。

我是不是已经能做到了呢？

当我开始为了我的挑战而训练的时候，我仿佛逐渐发现了什么。一开始，我觉得自己的体能进步了，我的训练也在锻炼我的生理机能。作为一个运动和锻炼科学的学生，我记得自己学过关于人体是如何适应训练的，它又是如何变得能够更有效地运用氧气，肌肉是如何变强的，等等。然而，当我跑的英里数慢慢增加后，我开始质疑我的进展到底有多少是由生理上的进步所带来的。如果我第一周跑了三英里，第二周跑了六英里，这难道证明我的身体素质在一周内翻倍了？又或者这其实有着更为简单的解释，是不是我其实一直都有跑六英里的潜质呢？我是不是在锻炼

亲爱的，我把闹钟设定在早晨
四点三十分，我要去跑步
这真疯狂！

疯狂，你这么认为？在这件事情上，
我必须站在正确的路线上。

自己的大脑，让它相信自己能够跑6英里呢？

在我锻炼的同时，我也抓住机会自我反思。我很确定我锻炼的主要目的是建立自信。作为一位运动心理咨询师，我知道自信是建立在证据上的。如果我让你系自己的鞋带，你会有多自信？大概会非常自信吧。我甚至觉得你能自信地说闭上眼睛都办得到。你系过无数次鞋带，所以你有一大堆证据来告诉自己完全可以系好鞋带。但如果我让你去给人做个心脏手术呢？如果你正好是位心脏外科医生，那大概还没什么问题。但如果你不是，我估计你不会很有自信。

让我们把同样的心理放在跑步上。如果我刚跑了3英里并觉得还有余力，那我大概也会有自信跑4英里，甚至4.5英里可能都不是问题。如果我跑了4.5英里并觉得还行，那我会认为6英里也是一个可以达到的目标。当我逐渐增加距离，并且觉得还有那么一点点余力的话，我也会相信自己还能再跑得远一点。当我跑完26英里的那一天，我开始觉得一天跑35英里也不是不可能的了。很多面对史诗级挑战的人都会提到这种逐渐出现的“新视野”。当你终于达到自己一直在为之奋斗的目标时，更多的可能性和潜力会在你的面前浮现出来。

实际上，我无法告诉你我有多少进步是来源于自己的身体素质的。我的身体的确是适应了，但我也怀疑很多进展都可以用“心理素质”来解释。我有自信去使用原本就在那里的潜力了。

奥林匹克冠军史蒂夫·威廉斯告诉我，“相信”是对他而言最大的挑战。一开始他挣扎于将从别人身上看到的东西跟自我认知联系起来。“我觉得自己不像他们那样。他们看起来像机械，而我不觉得自己像机械。”

我最近在广播里听到了这么一句建议：

“别把自己的内在所有跟别人的外在表现做比较。”

界限与里程碑

当我们学习一样新的东西，又或者挑战一个新的事物时，我们肯定会立起一个个里程碑。有一些曾经看起来遥不可及的目标，会突然变得十分现实、可行。曾经看起来很艰难的事情，现在已经能够舒适地应对。领会我们进步时的心理变化真的很有趣。我经常与正在从一个阶段晋升到下一个阶段的运动员谈话，他们可能是从国家级变成世界级，也可能是从初级到高级。这对很多要承担起新的责任、达到更大的目标的专业人士来说也是一样。刚起步的时候，会感觉这些在我们的能力范围之外，这是陌生的新事物。我们踏出了自己的舒适区，对一些人来说这可能有点可怕，会感觉事情都在自己的控制之外。

我跟几位赛车运动员合作过很多年。当他们从一个级别晋升到下一个级别时，他们会发现自己坐在更强劲、更快速的赛车里。刚开始的时候，这可能是个挑战。当他们开得更快的时候，一个个转弯来得更快了，赛道也开始变得有些模糊了。如果他们不够当心，可能会感受到过度的冲刺感，失去控制，并开始恐慌。他们可能不会做出最好的决定，也可能会犯错。如果他们之前犯了什么明显的错误，那这些问题还有可能变得更复杂。

对赛车选手来说，挑战的一部分就是训练他们的注意力。他们需要能够更快地集中注意力，以便更好地把握时机，做出更好的决定。这在赛车运动中似乎显而易见，但类似的挑战也存在于我们踏入的新领域。专业人士也需要更快地做出决定，同时关注不同的事情，分析新的信息或将更多的因素纳入考虑。所有这些看起来都很难。

当我们犯错时，我们可能会陷入负面情绪的漩涡中，开始质疑自己，失去自信，并因此继续犯错。同样，我们也可以去注意到这个新的挑战，认可自己的进步（虽然它可能很不起眼），并用此去培养自己的自信。渐渐地，那些新的挑战和难关也变得没那么吓人了。

日期：11 月的某个寒冷的一天

我在河中的皮艇上度过了一天。我向克莱尔·奥哈拉（自由式皮艇世界冠军）询问是否能够帮助我学会在水中划桨。要读懂水的流动和速度是一门技术活儿。比起跟水流对着干，我更想学会如何跟它合作。我在划皮艇方面还完全是个新手。翻船仿佛是我的独门诀窍，哪怕是在平静的水面上，我都能让它上下颠倒。

我从追踪天气和河流的情况中得知这条河在 24 小时前曾洪水泛滥。实际上，我们要在这种情况下尝试是一个很危险的决定。在我到了河边的时候，河水像激流一样往下冲，溅出白花花的水花。我吓得心脏都快从口中跳出来了，怎么看我都无法在这水流里坚持上几秒。雪上加霜的是，那天气温还降到了零度以下，这水看起来也不会暖和到哪里去。

虽然我很肯定自己连一毫秒都撑不过去，但我们还是下了水。克莱尔找到了一处相对来说比较平稳的水域，我们便开始了。让我惊喜的是，我意外地能够控制皮艇。逐渐地，克莱尔把我领向了河的主流。我开始能够感受到水流是怎样推动着我的皮艇的，也开始去预测皮艇会怎么动，并学着如何去应对它。在一天结束之前，我们成功划入了河的主流，并乘着波浪回到了岸边。当然，我还是不可避免地从皮艇上掉了下去，落入冷冰冰的河水中，但我还活着。更重要的是，我认识到自己是可以在流水中控制好皮艇的！

当你处于自己的舒适区之外的时候，你会如何应对？你是会开始恐慌，还是专注于自己手上的工作？

使用你的非舒适区域

毋庸赘言，我们在自己的非舒适区里才能得到成长和提高。然而，还有一个随之而来的非常有用的领悟。当我们遇到让自己不舒服的事情时，我们会意识到那条界线，它处在我们的舒适区与非舒适区之间。因此，我们开始学着在哪里和怎样取得进步。注意到这种不适会帮助我们发现自己最需要做的事情。

某个傍晚，我坐在客厅的地板上，手里握着皮艇的桨。这个古怪的姿势有其原因。第一次坐进皮艇的时候，我发现自己的大腿接近臀部的地方抽筋了。当你距岸边有数百米远的时候，你不可能从皮艇里出来做个伸展运动。所以，为了防止自己再次抽筋，我决定锻炼一下这些肌肉。为此，我在客厅的地板上模拟自己在皮艇里的坐姿，练习划桨。我还把桨也拿在手上了。

当我刚开始这个奇怪的训练时，我只能坚持三分钟，还是十分痛苦的三分钟。我的腿和腰都在祈求我快点放弃并跳回沙发上。我感到如此不适，这个事实告诉我必须继续。如此一来，我注意到自己的非舒适区和踏入它的必要。几周内，我就能在地板上坚持 30 分钟，然后

45 分钟，然后一个多小时。

当我们遭遇不适时，我们有两个选项：是接触并挑战它，或者退缩、放弃。我们绝对有机会把这种不适化为自己的优势。我们可以选择离开我们熟悉的东西几步，走向那些我们还未能做到的事情。

当你处在舒适区和非舒适区的界线上时，你会选择迈向非舒适区，还是被扯回舒适区？一个人成功还是失败的分界点往往就在这里。

婴儿般的步伐

我认为诸如“一夜成功”这种词完全就是用词不当。我从未见过“一夜”就能达成什么的人，除了一晚上的良好睡眠。很多世界级的人物像是腾空而出，突然就出现在了世界舞台上。当然，现实是完全不同的。他们的“一夜成功”是需要很多年的努力才能达成的。当他们出现在舞台上的时候，那似乎是一个巨大的飞跃。但实际上，在他们的路途中，这只是相对较小的一步罢了。虽然在媒体上，他们可能是一个刚出现的新星，但他们可能已经在这个世界舞台的边缘等了很久了。

在凯特琳•卡特美•爱德华的《更大、更好、更强、更快》（2013）中，描述了爱因斯坦成为天才的路程。虽然他是公认现代的最伟大的科学家之一，但他的起点意外地普通。他以并不出彩的成绩从苏黎世高中毕业，并觉得自己难以胜任老师这份职业。比起成为研究者，爱因斯坦选择去专利局工作，并把自己闲余的时间用来阅读、研究和写科学论文。爱因斯坦在 26 岁时取得了博士学位，这时他还在专利局工作，这离科学学术界注意到他的成果还有一年。很神奇的是，在爱因斯坦出版《广义相对论》的 8 年后，他的发现才被其他学者肯定。是这一系列的积累，让爱因斯坦获得了诺贝尔奖。

安迪·里德讲述了自己用义肢学会走路的过程："我从两根横杆之间开始走，一开始只能走几米。然后我开始探索横杆之外的地方。逐渐地，我慢慢学会了控制这双腿。这都是一周周下来，慢慢积累而成的。"

安迪·麦克梅尼也曾把他的"66 超级马拉松"描述为"33 万步"的长征，需要一步步迈进。

如果我们把挑战视为一连串婴儿般的步伐，
我们可能会注意到，每一步其实都很简单。

章节总结

- ★ 如果你想达成什么惊人的成就，那做到“普通”根本不够。
- ★ 如果你让自己去相信别人的观点，那你可能会被成见所束缚。
- ★ 不要把自己的内在与别人的外在做对比。
- ★ 用自己不舒适的经历，去寻找进步的方法。
- ★ “一夜成功”，永远不会在一夜中发生。

第五章

取得控制权

“很多失败的人都没有注意到，他们放弃的时候离成功有多近。”

——托马斯·阿尔瓦·爱迪生（美国著名发明家）

目前为止，我们都把关注放在如何去面对挑战，如何去应对那些看起来令人感到“艰巨”“庞大”“不可能”的事。我们要如何去理解这个挑战呢？我们愿意在我们的知识范围外更进一步吗？我们是否能强迫自己去做一些以为自己做不到的事情？这是一些我们在一路风顺、事情走向也都不错的时候会议论的话题。当情况不错的时候，我们会更容易接受这样的观点。

但如果情况不好会怎样？如果我们真的碰壁了会怎么样？如果事情变得无法控制了要怎么办？

几年前，我听过一位成功的创业者描述自己是怎么赚钱的。他说自己做的每一件事都成功了。听这位先生这么说，我觉得他一定是点石成金的迈达斯，又或者他有着特殊的智慧或技能，能让他如此成功。我很好奇他有什么我没有的东西。从不少各行业名人的传记中，我读到了很多从身无分文到腰缠万贯的例子。他们似乎都是教科书般的成功例子，都是成功人士。我也听过不少演讲，说自己是胜者，不管做什么都会获胜。他们就是那种专一、有毅力、从不放弃，今后也不会放弃的人，因为只有败者才会退缩。他们仅仅是不能接受失败。

那么问题来了……

我不是这样的啊，我不是一个拥有一连串成功历史的人。我是个“B”级学生，没有什么光辉记录，简历上没有一连串的商业成就，也绝对没有一双能点石成金的手。我的个人往事有点（让我想想要怎么把它说的礼貌点）平庸。我是个稍微超重，三十几岁就膝盖不怎么好，还不太能忍痛的人。我也不会说自己是一个很乐观的人。说实话，我并不喜欢积极思考，我是个现实主义者。我不是什么超人，只是一个容易犯错的普通人。

这听起来是不是有点熟悉？如果事情的走向完全歪了，要怎么办？

脑内的激烈斗争

在我的脑袋里总是有一场心理拔河大赛。挑起这场斗争的常常是脑袋里浮现的一个个质疑、疑问。

某个下午，我在我家附近的田园风景街道跑了一圈。外面很舒适，阳光明媚，鸟语花香。在英国，这是一个很难得的春日景象。跑了差不多一英里，我开始觉得自己的右膝盖有点不对劲。此前的一次跑步中，我的右膝

盖完全罢工了，结果我只能走着回家。现在我又能感受到它在对我唠叨了。我该继续坚持，还是让它休息？我是否只是有点窝囊了？那些“心理强大”的人会强行忍住疼痛继续吧？我该继续，还是这只是在犯傻？带着疼痛继续跑会不会伤到我的身体？疼痛肯定是有原因的。它不就是为了提醒你哪里出错了，来劝你停下的么？

我选择用快步走来调整一下我的膝盖。慢慢地，它开始变得正常一点了。跑长距离的时候，一般都需要先跑上两三英里身体才能进入状态。说不定这只是我的身体在慢慢适应。

几分钟后，我的左膝盖也开始不对劲了，然后我的右脚又开始抽筋。我心想：“行吧，现在又怎么了？加油啊我的身体，你倒是帮帮我啊。”我一边艰难地走着，一边继续质问自己。我真的能够连续 10 天每天跑 35 英里吗？我现在可是连 10 英里都没法舒适地跑完。几天前我的膝盖在两英里内就罢工了，我到底有机会完成挑战吗？我是不是只是在犯傻？你是否能跟这些感受产生共鸣呢？

这是个我常常向自己发问的问题。当然，一个成功记录保持者永远都会回答：“是。”超人是万能的。我能听到这段话，如同闹钟般回想：“我一定会达成我一开始设定的目标。”这是真的么？这世上真的有人一辈子每一个目标都达成了吗？难道只有我一个人会定好目标但最终失败的吗？有几天我会给自己制定一个远大的目标，想要在一次训练里完成多少多少距离，结果我却少跑了一英里左右，还得一瘸一瘸地遛回家。有几天我给自己设定了一个普通的目标，结果跑了一半就没气了。

我真的是这块料么?

明明是一个相对简单的训练，我却连滚带爬地回了家。这种时候，我的大脑就会冒出这个问题：你真的是这块料吗？你真的有必要干这事吗？

所以你要如何去回应这种质疑呢？我个人觉得这不是一个可以糊弄过关的问题。我的大脑太了解我了。它知道我不是一个万事成功的故事主角。它也知道我既没有一个能证明自己的跑步事例，也没有过耐力挑战的体验。

之前我提到过，自信是建立在证据之上的。只有这个，是我多疑的大脑也无法反驳的。某一个傍晚，我跑步的时候感觉自己“撞壁”了。那是一种很微妙的感受。我

光是不停地对自己说：“我办得到，我可以，我是最棒的。”似乎解决不了任何问题。我那多疑的大脑总会嘲笑我说：“你这是在骗谁呢？”

的体力瞬间清零，双腿像是果冻，我就想马上停下，坐下来吃点什么。但问题是，我才刚跑了一半。我正跑到我家附近，停下来的想法更强烈了。跟我的膝盖受伤不同，我觉得就算继续跑也不会伤到身体，所以我决定低头闷声继续跑。最后那一段路跑得并不舒服，但我至少跑完了。那并不是一个破纪录或值得纪念的成就，但这证明了当我觉得自己不行的时候，我还是可以继续跑完最后那几英里的。这告诉我，只有在我认为它是一堵墙的时候，它才会真正成为一个障碍。是我的观念让它成为现实。

要停下还是继续，能做出选择的永远都是我自己。

我敢肯定你也有过类似的经历。我们会遇到一些有意思的问题和随之而来的一系列选项。当你发现这些“墙”的时候，你会如何应对？

“砖墙在那里是有它的意义的。它不是为了阻挡我们的去路才在这里。它是一个机会，一个让我们认识到自己有多想达成目标的机会。因为它只会阻挡那些意志不够坚强的人。”

——兰迪·波许（美国卡内基梅隆大学教授）

在战斗中获胜

所以要如何在出现质疑的时候改变风向呢？要如何在拔河中战胜多疑的大脑？

在电影《挑战星期天》中，美国橄榄球教练托尼·达马托在一场大赛的中场休息时对他的队员们说了些话。他们的赛况不理想，所以教练在赛间做了一段很有名的励志小演讲。他解释道橄榄球就跟人生一样，是由每一个小步伐组成的游戏。想要成功，我们要为每一步奋斗。他说：“我们需要完成的小步伐就在我们的周围。它们在比赛中的每一分钟、每一秒里。”

教练达马托想说的是我们并不需要什么像是魔法或者银色子弹，这种能够一下转变形势的东西。我们不需

我们需要的机会

总会在我们的身边

在我们生命中的

每一分每一秒

要奇迹。他是在告诉自己的队伍，他们不需要在下一场中就一定要赢得比赛。但他们必须要把注意力放在每一个瞬间，为了找到下一步而用尽全力。这也提醒我们，我们需要的机会其实随时都在我们身边，在我们生命中的每一分每一秒里。有时候，我们只是需要睁开眼睛去寻找它们。

我发现这种心态对许多事情都很有帮助。它帮我控制了债务。我们经常会觉得只有在突然冒出一桶金的时候才能够清除掉一笔巨额债务。这种感觉在我们难以把自己的收入平摊开的时候最为显著。

想要用不够充足的存款来付清债务听起来很愚蠢。这当然会把我们逼进一个进退两难的状态，没有什么比债务的增加更可怕的了。然而，我们可以用别的视角来看待这个问题。只要把单位从“一步”换成“一磅”就好了。我们就会突然又发现了一个还债的方法。只要问题问得对，我们的大脑就很善于解决它。我要如何每周省下一磅来减轻我的债务呢？在体育运动中，我们经常寻找办法来缩短时间记录的十分之一秒，又或者增加距离记录的几厘米。而找到十分之一秒的最佳方法，就是找到十个百分之一秒。这个方法可以用在任何挑战上。找到十磅的最容易的方法，就是找到十个一磅。而找到一磅的方法，就是找到十个十便士。把这个道理用在你的挑战上，再看看你能找出多少新发现吧。

这种心态不光适用于体能上的挑战。我的兄弟乔恩在学习德语的时候也用了类似的方法。他从跑到街上读一个个德语路标、广告牌和海报开始。他用买杯茶、买张火车票这种简单的事情来树立自己的信心。

安迪·里德表示，再次走路的挑战曾经看上去是那么艰难。他能够办到的就是将整个过程分解，并把注意力放在他面前的这一步上。“每当碰到难关，我就会寻找小小的目标。我想跟我的公司参加‘第一次世界大战死难者哀悼日 2009’活动。医生对我说，我必须要离开轮椅双脚着地，他才会让我去。被设定了挑战，这对我来说就够了。我第二天就跑到理疗室去了。”

我们只要去找，就一定能够发现这些小步伐。你的下一步是在哪里呢？

每次只需要一小步

几年前，我曾去马德拉旅游。

那是一座很美，却又很险峻的岛屿。马德拉本质上是一座从大西洋中冒出来的山。我们住宿的附近有座山丘，某天早上我突然决定去爬到它的最高点。那路途又长又曲折，坡度也很陡。我低头看着地上，无趣地往上爬。没过多久，我的双腿和肺便感到了灼热。我开始喘气、流汗，但路程却只走了一小部分。我那时犯了一个错误，一不小心抬头看了看自己还需要走多少路。很明显，我并没有走完想象中的那么多路。还有很高的山坡需要爬，但我已经感到筋疲力尽。疑虑开始在我脑中浮现，它们跟现在正纠缠着我的问题一模一样：我能办到吗……我是这块料吗……

在没有一副可以替换的备用肺和脚的情况下，我选择采用“一小寸”战法。我看离我不远的地方有一块小石头，我便开始对自己的双腿说：“加油啊，我没叫你跑到山顶，但那块小石头你总归能走到吧？”

我成功地走到了那块小石头那儿。在我快达到那块小石头的时候，我又把目光投向离我几米远的一堆树丛。“来吧我的双腿，你能够走到那个树丛么？”慢慢地，一步一步、一寸一寸，我那疲惫不堪的双腿和肺把我拖到了山丘的最上面。

这是我现在锻炼时常用的方法了。

世上流传着一种关于奥林匹克冠军和世界纪录保持者的看法：他们有着钢铁般的自信，负面想法不会进入他们的脑海里。我们甚至可能会觉得我们跟那些人不一样，因为我们会疑虑，也会有负面想法，而这些会扯我们的后腿。

其实，就算是最坚强的人，比如冒险家罗宾•贝宁卡萨，也会有疑虑的时候。她公开承认自己的脑海里也有过一样的问题：“我不知道我能不能办到？”她的答案是用另一个问题来回答：“但还是能够一步步地进步吧？只要我们一直在向前走，那前方总归会有路的。”世界冠军兼奥林匹克铜牌得主，乔纳森•布朗利告诉我，他在比赛开始，入水前站在跳板上的时候，常常会想：“如果我不会游泳要怎么办？”

我们时常会觉得有疑虑代表着懦弱。但事实证明就算是奥林匹克冠军和世界纪录保持者也都有疑虑的时候。这不代表我们懦弱，它只是说明了我们是人类。

那些连续成功的故事

我不觉得我是唯一一个设定了目标但最后失败的人。我也怀疑当我们读到或听到那些连续的成功故事的时候，我们看到的画面并不完整。我不是说他们在撒谎，我只是觉得我们知道的事情已经被编辑过，是去掉了不少模糊细节的修正版内容。近 20 年，我和很多领域的精英和世界级人物有过合作，也研究过他们。直到现在，我都没遇到过任何一位只尝试一次就能成功的人。

大多数人都有着很多失败的经验，也常常会犯错。

我最近读了篇西蒙·斯涅克写的关于传说中的棒球选手贝比·鲁斯的文章。1923 年，贝比·鲁斯打破了美国职业棒球大联盟的一个赛季中最多全垒打和击球数的记录。但是，他还破了另外一个鲜为人知的记录。在同一个赛季中，贝比·鲁斯也是被三振出局次数最多的选手。

贝比·鲁斯不怕出局。可以说，就是这种无所畏惧的心理成就了他非凡的事业。他是第一位在一个赛季中打出 60 个全垒打的人物，这个记录保持了 34 年。他也保持了一生中最多全垒打数量的记录整整 39 年，直到这个记录在 1974 年被汉克·阿伦打破。贝比·鲁斯还有别的记录，像是职业生涯中被三振出局 1330 次。这个记录他保持了 29 年，直到它被伟大的米奇·曼托超越。

大多数棒球运动员都想打出全垒打，但问题是他们担心为此而失败。贝比·鲁斯向我们证明，失败是成功之母。当一个完美但不怎么去挥棒的棒球玩家当然没有问题，但这也意味着你可能打不出那么多个全垒打。

像贝比·鲁斯这样的人愿意去挑战极限，尝试新鲜事物并犯错。这个事实将他和身边的其他人区分开来。然而，这些世界强者还有着另一个胜利原因。他们有从每一次经历和失败中学习的诀窍。他们的失败和错误都很有价值，因为他们会从其中习得经验。

如果我能接受我大概会失败的结果，那下一个问题是：我能从中学到多少？

章节总结

- **就连奥林匹克冠军和世界纪录保持者都有疑虑。**
- **人生就跟橄榄球比赛一样，是由很多小步伐组成的。而这些小步伐就在我们的身边。**
- **把重点放在“将它分解成简单的任务”上。**
- **不要害怕失败。**
- **你能从自己的失败和错误中学到多少？**

第六章

这不光关系到你

“团队成员是发扬光大的第一要素。”

—— 约翰·伍登（美国篮球运动员、主教练）

我们身边的人能给我们带来很大的影响。他们的反馈、支持、鼓励，或者质疑，都会影响到我们的思考和情绪。我看年轻运动员工作时，一些人有十分支持他们的家人。他们的双亲会开很长一段距离的车去接他们，送他们去训练营或者参加比赛。很多时候这些家长会把很多时间和精力投到自己的孩子身上。

但当然，不是所有影响都是正面的。你是否会经常看到一些“过于支持”的家长？他们对孩子的期待可能变成另一种挑战。这通常是一把双刃剑。我经常会遇到一些为了回应家长或教练的期待，而感到巨大压力的年轻运动员。一些年轻人似乎觉得自己必须通过好的表现和结果，回应父母在自己身上的所有“投资”。

当然，这个现象也不限于体育运动。很多家长都会在学业、音乐、戏剧等方面，为孩子选择职业道路，并去促使孩子进步。

很明显，这会带来正负面两种影响。

这听起来像是不错的建议，不是么？积极的人更可能支持你，鼓励你。他们会说“去试试吧”“你能办到的”这种话。支持你的人更偏向于说出鼓励你的话语，或者将你从失落的低谷中拉上来。他们可能会在你心情低落

的时候帮你找回元气。我听过很多成功人士说有一个支持、相信你的人是多么的重要。同样，也有人会主动帮助你，为你提供那些真正可用的支持，让你把事情干好。

“没有团队我不会成功的。”这是前特种空勤团（SAS）军官弗洛伊·德伍德罗，在一次活动中跟我讨论关于世界级领导时说的。但他说的不仅是指在作战中领导一个 SAS 队伍，而是在人生中想要成功，我们都需要一个团队。如果你看了 2012 年伦敦奥林匹克运动会的录像，你会发现有很多运动员对自己的团队表达感激。那不仅是因为谦虚才说的。大多数运动员都会注意到他们的教练、运动科学家、物理治疗师、顾问和运动心理学家有多重要。实际上，最好的运动员都会培养出一套有助于他们成功的技能。他们为了达到最好的成绩，会变得非常善于领导和管理自己的团队。

找到一队人可能是一个不错的开端。哪些人会出现在

“别光选你的朋友，你需要找对人。我观察了那些胜利的人和在胜利团队里的人，也观察了他们的长处和发现了胜利的条件。你需要世界级的人物来达成协同效益。”

——罗宾·贝宁卡萨（世界纪录保持者）
讲述关于如何选择正确的团队。

你的理想队伍里？哪些人可以在你的挑战中为你导航？

我的兄弟乔恩，找了一帮子人来帮助他在德国创业。他找到了一些与他想法相似的专业人士，沟通了解互相的想法，发现他们的观点都十分相似，并决定合作来完成这个项目。他发现和有着相同目标、热情和观念的人共同作业十分激励他。

为了给这个疯狂的耐力挑战做准备，我也找到了些了不起的人。一些人为此提供宝贵的建议和知识，而另一些牺牲了自己的时间来指导我，帮我拓展自己的能力。我非常感激骑车灵感车店的约翰，他帮我开启了骑车之旅。还有英国海中皮划艇的奈杰尔·丹宁斯，在划船上帮助了我。这种帮助和支持是无价的。

所以，要如何将你自己围在这些会给你提供正面能量的人当中呢？我猜会有人主动找到你并伸出援手吧，但这可能性应该挺小的。以我个人来讲，我使用的都是与之相反的办法。我会去主动寻找人，并向他们求助。打个比方，我向克莱尔·奥哈拉（一位皮划艇冠军）询问哪里有英国最受尊敬的海中皮划艇专家。我的一位朋友兼客户理查德，是一位灵敏的骑车人，自己也有过一些惊人的骑车记录。他建议我去联系骑车灵感车店的约翰，而约翰给了我很多使我起步的帮助。我非常感激他们的帮助、建议和支持。

那里也有很多人不会，或者不能提供帮助。我发现他们一般在早期就会如此表态。他们可能不会回电话或电邮，可能会回答“不”。同样，他们可能一开始说“好”，但最终犹豫，因某些原因无法提供协助。逐渐地，通过询问、交流和培养感情，要建立一个会持续帮助你的一

你要去哪里找到正面能量的来源呢？

队人，是完全可能的。

负面能量

有时候，从他人那里获得的反馈并不是正面的。所以，当我们被负面能量连续轰击的时候，要如何对应呢？

史蒂夫·威廉斯在2008年北京奥林匹克运动会前就遇到了这个难题。他的船不是最受欢迎的，也不是英国的旗舰。他们在一年前的世界冠军赛和几周前的世界杯中都被打败了。IOC（国际奥林匹克委员会）的英国代表选择了不在奖牌仪式上给予他们奖牌，因为觉得他们没有什么获胜的希望。史蒂夫读了一个列出了英国前十的划船金牌候选者的新闻报道，其中并没有他和他的船员们。

“我心想‘去你的，我们会证明自己的’。你不能控制别人怎么说，或怎么想、怎么做，和他们是否相信你。你只能选择自己要如何回应。”史蒂夫·威廉斯说。

冒险赛车手罗宾·贝宁卡萨，在一个巴西的比赛中也面对过类似的负面能量。那是在她的第二次关节置换手术之后不久，她还没有适应。队伍中出现了分歧，一些队员想要在没有她的情况下继续，但另一些队员觉得这是一个团队项目。

“一些人会觉得如果他自己踏上了终点线，作为一个个体，他成功了。但我不这么认为。这是一个团队游戏。如果我们一起踏上了终点线，那我们才算胜利了。”罗宾·贝宁卡萨事后说道。

最终他们决定作为一个团队继续下去并达到下一个关卡。然后他们继续下去，从一个关卡到下一个，直到最后的终点。

不是所有能量都是正面的。一些会夹杂着疑虑和恐惧。有时候他们并不是故意想要丢出“负面”情绪，他们只是在说实话而已。他们不是为了拖你后腿而故意这样。我们常常难以克制自己表达出我们的真实想法和感受。当我们与最亲近的人说话时，我们会觉得诚实很重要。有时候，就算他们并不想听真话，我们还是觉得自己必须那么说。所以，非常讽刺的是，很多“负面”能量都会从我们最亲近的人口中听到。

艰难的对话

第一个真正的测试是我与我的妻子卡罗琳的对话。

爱情本来就会带来一些挑战，如果我丝毫不在乎卡罗琳的感受，那这个对话可能跟一阵微风毫无差别。我会无视所有负面因素和顾虑，径直往前走。我知道很多“勇往直前”的人达成了神奇的成就，做了上亿的生意，却赔上了自己的婚姻和家庭。我当然不会愿意去这么做。我爱我的妻子和女儿们远过于这些事情。我已经为了自己的家庭而牺牲了商业上的发展速度，我不想把这些通通浪费掉。

当我第一次向卡罗琳提起这个挑战，她的反应是：“绝对不行，不可能的，你要去干就得跨过我的尸体。”说实话，这不是我所希望的反应。不用我说，她一点都不喜欢这个点子。她知道这意味着我需要牺牲一些陪伴家人的时间。这会给我们已经不怎么宽裕的财务上再来一闷棍。我也将会身处危险之中。就像她提醒我的那样，北海可不是什么安全的地方，我对皮划艇也一窍不通。虽然这个挑战将有助于帮助慈善机构，但她十分尖锐地指出我这个想法十分自私。这个挑战会给我们和整个家庭带来许多的压力，并且说真的，她完全看不到这有什么意义。

而我第一次跟父母提起这件事的时候，他们都以为我疯了。我母亲对我准备在北海里划 800 英里的皮划艇感到恐慌。她问了我一些十分实际的问题："天气怎么办？海潮、水流的状况呢？你的膝盖又怎么办？"（我的两个膝盖都动过刀）实际上，我们越讨论，无法回答的问题也积累得越来越多。随之而来的是更多的疑虑和恐惧。去蒙骗自己最亲近的人，没有任何的意义。我的家人都知道我不是一个运动员。他们知道我是个稍微有些超重的 30 多岁男人，膝盖不怎么好，没有划船的经历，没有长距离跑步的经历，更没有长距离骑车的经历。他们曾问过我这个问题："你知道这意味着需要什么吗？"我非常诚实地回答："不，完全不知道！我完全不知道要达成它到底需要什么！"

来自我们身边最亲近的人常常会给我们最大的影响。当然，我们与他们有更多的心理羁绊，所以要单单无视他们说的话会更难。我们很在意他们，这个事实注定了我们很难将自己与他们的想法分离。我也发现，当我决定去挑战什么的时候，我很少是单枪匹马上阵的。无可避免地，这会给我身边的人也带来一些挑战。在创业的过程中，我发现有时候会有资金上的困难。很明显，这对我太太卡罗琳和整个家庭，也会带来一些影响。在这种时候，有可能我的负面情绪会比较强烈。现实就是，我的挑战可能会开始对我身边的人带来一些负面影响。

这不仅是你的挑战

正能量和负能量的比例，能被这个问题严重影响到：这是“我的挑战”；还是“我们的挑战”？

你的挑战对他人是否有直接的影响？当我开始这个看起来十分荒唐的挑战时，我逐渐注意到这不仅是我一个人的挑战。虽然我十分希望将它对我周围的人的影响控制到最小，但现实就是我们是互相关联的。不管我们做什么，我们总会或多或少影响到别人。

实际上，我的决定给卡罗琳带来了好几个她并没有主动去选择的挑战。这都是我强加给她的。一些比较小的，后勤性质的挑战，比如在我训练的时候照顾女儿们。也有一些稍微大一点的，比如为了买装备和相关开销而腾出预算。为什么我们要在需要给女儿们买鞋子，还需要去买一个新沙发代替现在这个早就不怎么好用的沙发时，却花钱去买个船桨的架子？这问题问得真好！

我们在创业的时候也碰到了很多类似的问题。我常常会做出决定，将我们的时间和金钱都投进去，来助长生意。我们已经习惯并且能够轻松地做出这个选择，在生活中做出妥协。这世上有很多有着自己生意的人会欣赏这种挑战。然而对因我的耐力挑战而做出的妥协，和因生意而做出的妥协，卡罗琳看待两者的态度有着很明显的差别。很简单的事实是，生意上的决定是我们两人一起做出的，是一个共同作业。实际上，很多生意上的决定都是我们一起做出的。所以，我们都能够接受那些随之而来的妥协。然而，这个耐力挑战是我自己选择的。卡罗琳根本不能理解这个挑战的意义，这让问题更加复杂化了。说实话，她宁愿我压根儿没有过这个想法。她无法理解为什么我要经历这么多难关和麻烦，还把自己放到危险之中。这都是为了什么？

如果最亲近你的人无法理解你的想法，那就很难得到他们的支持。如果他们宁愿你不去挑战这件事，那你很有可能感受到他们对此的抵触。

所以，你要如何去处理这些问题呢？

负面能量的价值

最难回答的问题常常有着最大的价值。虽然他们会让你感到很多的不适，他们是我们需要回答的最关键的问题。这种不适会帮我们找出哪里是我们需要给予最多关注的。当我们的弱点和脆弱的地方被着重提出，我们就知道我们在哪里需要加强了。

所以说，那些给我们最负面的反馈的人，往往可能是问出最致命的问题的人。当然，这些反馈听起来不那么顺耳。我们会更倾向于选择正面的人，选择那些鼓励和赞美的话语。但是，质疑和批评也有着潜在的价值。

多年来，我发现那些世界级人士都会特地去找出负面的声音。他们会去找出批判和刻薄的评论，因为他们常常带有最多的价值。进步才是最为重要的。对他们来说，负面反馈就像是空气一样重要。它会促进成长和帮助他

当我们的弱点
和脆弱的地方
被着重提出，
我们就知道
我们在哪里
需要加强了。

们继续进步。实际上，他们会专门将一些提供批评和刻薄声音的人拉入队伍中。

奥林匹克冠军史蒂夫·威廉斯，在发表了自己想要征服珠穆朗玛峰计划的时候，也遇到了类似的对话。“当我说我要爬珠穆朗玛峰并走到北极去的时候，人们说‘你确定吗？’。这有着很显著的危险，而我把他们的话语当做一个提醒。这会让我再重新慎重思考一遍。这会让你把注意力放在自己需要知道什么上，并再次强调你对此的态度：目的地不是爬到山顶，而是到了山顶后再安全回到家中。”

负面能量在你身上有什么影响呢？是会消磨掉你的动力，还是你把它视为使你进步的材料？你会咒骂它还是欢迎它？

平衡的重要性

如果你把这个概念想得宽泛一点，你就会逐渐发现周围的潜在队伍了。家庭便是一个明显的例子。像很多队伍一样，有一些队员是你去招募的，而一些人是你继承而来的。很多商务和运动的管理者都从继承一个队伍开始。随着时间推移，他们可以通过招募有能力的和有正确态度的新成员去塑造这个队伍。很多领导和管理者都意识到，一个好的队伍需要有个性上的平衡。一些队员的个性要更加正面和充满能量，而一些需要更能思考和更保守。如果有不平衡存在，一个精明的领导会注意到它。如果一个队伍充满了乐观的人，他们会故意去招募一些会一针见血提出问题的人，来提供一些挑战。同样，如果一个队伍里需要一些正能量的注入，一个领导可能会去寻找一个能够给予正面鼓励的人。关于你的挑战，你也会需要去组建一个平衡的队伍。

你是否有从正面影响和负面影响的双方获益？

你真正的回应

我们的观点常常会因为周围的人而产生一些改变。我觉得这跟染发的过程有点相似。如果你不停的去把头发染成各种各样的颜色，你最终会不怎么确定自己原本、天然的发色是什么样了。就像你的天然发色是一个基础一样，你真实的反应和回应也是如此。你需要理解自己所相信的东西，再去参考别人的观点。

所以，你内心深处的真实想法，感受和信念是什么？

受别人的影响而想法变得摇摆不定是很容易的。如果你经常听到别人十分乐观、励志的发言，那很容易就会有一股冲动想要跟着他们的话盲目前进。同样，如果我们一直接触到负面能量，我们可能会开始拾起周围人的疑虑和恐惧。当然，别人的意见是很重要的，但保证我们不在过程中失去自我就更为重要。不管我们呈现出什么，都会收到反馈，这是一个挑战。每天，我们身边的人都会向我们说出他们自己的看法。

有时候，我们获得的回馈会同时包含了信息和感情。批判和负面回馈可能是随着愤怒或焦虑一起而来的。赞美则可能伴随着崇拜和欣赏。这些通常是捆绑着一起来的。当有人向你丢来一捆批判和愤怒，我们常常会想要一鼓作气全部扛下，感受它所带来的刺痛，或者完全拒绝它来避免使心灵受到创伤。但是，这两个选项都不会给我们带来利益最大化。如果它的信息很重要怎么办？如果我们能从批判中获得利益呢？我们一定要感受到这种由愤怒或者焦

一些会是赞美，而一些会是批评。

但当然，看法不是事实，他们是一些人的非常个人化的观点和想法。

有时候别人的想法也可能跟我们自己的完全一致。

但有时候则会完全不一样。

虑所带来的刺痛吗？我们是否能够把这个捆绑着的包裹拆开，只接受有用的部分，再把多余的丢进垃圾桶呢？

很多人在接受他人的感情时，会更容易变得意志不坚定。某种意义上可以说，我们互相提供自己的感情，就是为了试图去改变对方的感受，并从此改变他的想法和举动。举个例子，如果有一个人对你感到生气，他们表现出气愤的举动可能就是一个让你感到愧疚的“邀请”。如果你选择接受这个“邀请”，你的想法可能会有改变，从而做出不同的决定，并在之后做出不同的举动。有史以来，人类都会用感情去改变互相的想法和举动。但是，这个过程中并没有因果关系。我们有能力去选择是否要接受那个“邀请”。如果你做了什么让自己感到骄傲的事，那一般都会接受吧。这对愤怒和批判也是同样的。你可以选择要不要感到内疚，你也可以选择要不要去改变自己的想法。

在这个挑战中，我收到了很多很多的“邀请”。一些

你可以选择是否要改变自己的想法。

人会向我提供些精神“打气筒”，来增强我过分的自我。但我选择拒绝他们的好意。我见过一些接受了类似“邀请”的人，而我并不想变成那样的人。同样，我也有收到想让我感到愧疚的“邀请”，让我因舍弃与家人共同度过的时间而感到愧疚。这种时候，我会需要理解自己的初衷。我是不是不讲理了？我是否要改变自己的决定？有些时候我不得不承认自己并不是很公平。有时候我的确是过分了，没有把握好分寸。但有时候，我能够摸着良心说自己尽责了，虽然其他人可能依旧对我的决定感到不开心。

有很多时候，我会问自己一些问题。这是真的很危险，还是只是反馈的人在表达自己的恐惧？是我太着急了，还是反馈的人真的觉得我还不足以达成这一步？我的初衷，内心真实的回应，是我的基础。我需要知道自己的立场。我内心的真实想法和信念是什么？我只有在不停的自问自答，并重审这些答案，才能够逐渐摸索出自己的立场。有时候别人可能是正确的，但有时候我需要解释一下。我听了也想了，考虑过了，但我还是决定我要做自己坚信是正确的事情。

想要了解自己真实的回应并不容易。有时候我只能在妥协后才会察觉到它的大概位置。我可能同意跟随某人的建议，觉得他们大概是对的。我发现每当自己这么做的时候，我有种不祥的预感，觉得自己是做了错误的决定。通常这时候我的大脑会开始重新审视它。我的脑子会开始闲不下来。这种想法会不停的在我脑中回荡，时刻提醒我可能自己选错了。你是否有注意到，当你做出一个正确的决定时，你的大脑会愉快地放手并把注意力花在下一件事情上？换一个说法，如果你做出一个不适合你的决定，它就会阴魂不散。我发现这是一个帮我了解自己真实想法的好办法。

你是否有注意到自己真实的回应？你的内心深处到底是怎么想的？只要一瞬间就好，把你自己从身边成千上万的意见中孤立出来，去寻找自己真正的想法。

手握方向盘

我们需要知道，我们的决定是建立在别人对我们的影响之上的。我们有去塑造和平衡我们的团队的能力。我们也有能力去向他人寻求意见，去找出谁可以提供鼓励和正能量，谁又可以提供批判性和质疑的声音。同样重要的是，我们必须知道自己可以选择是否要接受他们的信息和感情。就算有人对我们发火，我们也不一定要感到内疚。他们可能有个别的原因使他们不开心。我们需要抬起双手来承担一些责任，但这不等于我们要把所有罪都一起背上。

我们必须把方向盘紧握在双手中，负起责任。不管他人如何影响自己，我只要取长补短。

章节总结

- **找到正确的人和团队，而不仅是你的朋友。**
- **你的挑战有影响到别人多少？**
- **你是否会去找出那些批判和质疑的声音？**
- **那些最艰难的问题可能也是最珍贵的。**
- **你真正的回应是什么？你的想法是什么？**

第七章

放弃，还是不放弃……

“譬如为山，未成一篑，止，吾止也。譬如平地，虽覆一篑，进，吾往也。”

——孔子（中国古代思想家、哲学家）

如果你心中没有疑虑，你真的能够说你要做的事情艰难到可以被称为“挑战”吗？极地探险者本·桑德斯曾对我说过：“如果我们知道要如何去达成它，那说明这个挑战不够困难。”当然，疑虑也不是全部。它是组成我们头脑内“检查和平衡”过程的一部分。我们的疑虑会让我们停下脚步，并问自己这些重要的小问题。但有时候，我们的疑虑会变得有些过大，并有阻止我们前进的可能。它也许会开始腐蚀我们的信念并从我们手中夺走动力。所以，我们要如何去引导自己的脑内领域并与疑虑做斗争呢？如果觉得自己开始退步了，又要怎么办呢？

进两步，退一步

你有没有发现进度很少是一直直行前进的？

你难道不知道我这周有多努力吗?
为什么你不肯动一下?

如果你有过减肥的经历，你会发现秤上的数据就是喜欢特立独行，怎么都不肯往下跑。它就是不理解我们心中有个目标需要达成，有一个指针指向想要的方向。我们给自己定了个目标：接下来的几个月每周要轻两斤。我们能做的都做了，吃得少了，还运动了。我们向诱惑的甜品和蛋糕说“不”了。现在需要秤上的小指针发发力了。

但很不幸的是，我们的身体并不是以规律、线性的方式运作的。我们拼命地把能做的都做了，但一周却只轻了一斤。同样，我们有时候能稍微放肆一点并蒙混过关。我们有时候会忘了，那个小指针测量的不是我们已经做出的付出，而是我们有多勤奋。这个小针只会显示我们的体重，仅此而已。问题是很多人会把小针上的数据当作恭喜或者训斥自己的一种衡量标准。

想要去衡量自己的进度很有道理。我们需要知道自己是不是在正道上前进着。但是如果我们开始以这个去判断自己是“成功”还是“失败”，我们有可能会因为结果跟我们设想的不一样而开始泄气。我们也会开始质疑自己是否有能力去达成最终的目标。如果我们非常努力了却还是看不到结果，我们可能会开始问自己是否真的能够到达那里。

如果我们真的在退步了怎么办？如果秤上的指针真的往反方向走怎么办？这不在剧本中吧？

我的兄弟乔恩在学习德语的过程中，碰到了类似的挑战。他描述了自己当初是如何低估了学德语的难度。他幻想了自己去上课，吸收并学习，然后预料着德语就像滔滔江水一样从他的口中流出。但现实与理想的差别很大，他的作业一直都是不及格，并且他觉得自己无法以需要的速度去吸收。他上完课回到家后，会觉得仿佛身体被掏空，坐下想要做作业，却完全无法集中精力。这整个经历一度让他失去了动力。

安迪·里德也描述了当自己遇到挫折的时候有多气馁。“我为了让自己能够适应义肢，在健身房里用尽了全力。也安排了去国防医学康复中心安装它们。我到了那里后跟护士说，我的残肢有点不适。她看了一眼，对我说：‘不好意思安迪，你要回到伯明翰的Selly Oak医院去了，你的截肢处有点感染。’我被告知接下来的六周又要回到轮椅上。行吧，被人头上来一拳还比这要舒适。我那些在健身房里花费的时间都浪费了。我感觉自己的动力全被烧毁了。当我们开车前往Selly Oak医院时，我心想：去他的，要不我就一辈子坐在轮椅上算了。”

事实上，我们进展的曲线都是有共同点的。当我们一开始的时候，我们常常会有很大的进步。我们相比之下能够花比较少的力气就获得不错的回报。过了一阵子后，回报会变小并且需要花费的力气会变多。遇到平台期是很正常的，我们会觉得就算自己费了很多力气，也看不到什么进展。当我们学得更多的专门知识后，我们需要为了一些小小的进步花费巨大的精力和时间。有趣的是，当我们采取一个宏观而不是微观的视角时候，我们会对自己的进展有不同的看法。如果我们把自己的体重每小时都记录一次，我们会发现它其实会意外地跌宕起伏。根据我们一小时内干的事情，我们甚至会不理解它为何如此不稳定。然而，如果我们每六个月称自己一次，我们就不会过于关注那些小小的变动，而是把注意力放在长期的变化上。

大多数成长曲线都是不均匀的。我们的表现总会有上有下。然而，当你退后一步并去看它的大局面的时候，大多数的时候都会展现出一个正确的方向。

挑战会变，但不会消失

我跟一位高层教练客户合作了有几年了。他是一个非常成功的公司人事业务的常务董事。几年来，他经历了不少的挑战。他在经历一个个挑战的时候，每一个都显得十分困难。要得出结论说他自己没进步是很容易的，因为迎来的一个个挑战丝毫都没有变简单。然而，如果我们后退一步，就能够看到他的进步了。有些情况放在几年前是很明显的巨大挑战，但放在现在却不算什么了，甚至连挑战都不是。现在公司可以轻松地解决以前会被视为灾难的事情。虽然客观来说这些情况依旧很艰难，但公司现在已经有足够的能力驶出这些狂风暴雨。比起被眼前的一个个问题忙得不可开交，他现在可以变得更有战略性，把精力放在整体的公司成长上了。他现在有一定的资金储蓄，所以资金链也没有紧到一环扣一环，丝毫差错都不能有。最有趣的是，他现在可以去度假，不觉得有必要每天都监督自己的团队。他知道他们可以做得很好。

这都是进步，在你不知不觉中进步实现了！

有时候我们会看不见自己的进步，说不定我们是把目光放错了。或许我们只是需要把自己的注意力改变一下。如果一个运动员只以秒为单位来衡量自己的进步，他们可能就会因只快了半秒而得出结论说自己没有进步。

当我们做正确的事情，就一定会有进步

奥林匹克游泳运动员克里斯·库克曾对我说过："一切都是建立在每天的努力和积累上的。并且我要在这里说清楚，这感觉就像自己永远在原地踏步。但逐渐地，那些小小的碎片会堆积到一起，并有发光发亮的机会。"

做出努力和看到成果之间常常会有很长的一段时差。有时候我们要相信自己的付出，知道自己在做正确的事情。如果我们继续往里投入精力，总有一天我们会看到回报。有时候我们的确需要稍微修改一下计划并适应一下环境，但如果我们将正确的事情坚持做下去，成果是迟早会到来的。

我的兄弟乔恩在学习怎么说德语的时候，发现了一个类似的情况："我不能够理解那些我必须克服的山丘。我就是不明白为什么自己办不到。我应该可以的。我不笨，甚至可以说算聪明的那一类。这真的很让人焦虑。但其实只是一些东西需要比较长的时间来反应而已。可能是我在第一堂课没有学懂一样东西，第二堂课还是迷迷糊糊，在第三堂课才大彻大悟。我可能只是没有那么好的语言天赋。”

不用质疑，肯定有些事情是你以前会感到苦涩，但现在却能轻松解决的。花点时间来反思一下，要看到我们的进步是在点滴的累积中出现的。

这是挫折还是机会？

我似乎从没遇到过一位从未受过伤的精英运动员。在很多例子中，世界上的最强者都也经历过最严重的伤。受伤和生病都是运动的一部分，是意料之中的事情。与其问他们是否会受伤，还不如问何时会受伤来的更有意义。很明显，好的运动员都会试着去防止受伤或者把风险最小化。但实际上他们都知道，那些早晚会来临。

但是，每个运动员面对受伤的反应都不相同。

一些运动员会觉得自己只是“不走运”，并会在自己康复前一直抱怨自己的遭遇，同情自己。另一些人会觉得有些生气或者着急，因为他们觉得比起竞争者，自己吃亏了。这些常常都会让他们感到烦躁。这些运动员常常会在自己的身体完全康复前就试图继续锻炼，导致二次受伤。然而，还有一些人会积极地去找受伤能为他们带来的益处。蝶泳选手克里斯·库克便是一个很好的例子。他的背部下半段受了伤，也就意味着他完全无法在水中击水。这件事在表面上意味着他要有三四个月无法下水锻炼，这似乎是个莫大的挫折。作为一个运动心理咨询师，我有一些跟残疾人运动员合作的经历。和他们合作时，我一般会问这个很有用的问题："你能做什么？"当克里斯受伤的时候，我也问了他相同的问题。他思考了一会儿，答道："双桨式划水。"双桨式划水，是在水中只靠双臂和双手来移动的游泳方式。克里斯会把自己的身体绷直，像一块木头一样，并把双手像船桨一样划动，在水中移动。这是一个很有意义的运动，能够让他的双手，特别是前臂，感受到水的流动。通过这个运动，他逐渐理解了如何更有效率的在水中移动。通常在他健康的时候，他在普通的训练日程表中根本腾不出时间来做这些。但如今，这个伤势给了他一个机会，而他很开心地抓住了这个机会。克里斯很肯定自己由于这个伤势，变成了一位更出色的运动员。

人生最大的一些"挫折"同时也会给我们带来最多的机会，常常是帮助人们在职业生涯和人生中改变方向的催化剂。如此重大的事件会逼迫我们去评估、审视和对我们想要去的地方做出慎重的选择。它让我们重新评估自己对事情的优先级别。虽然一开始它们可能不会给你带来这种感觉，但我能摸着良心说，每当我回头去看自己的经历时，这些都给我留下了十分正面的影响，我觉得它们都是一种恩惠。

当然，我们只有在主动去寻找的时候才能够看到这些机会。在大多数的挫折中，成长、学习和变强的方法都呈现在我们面前。我们是否主动去寻找机会，决定了我们能否发觉并抓住它们。

一些人会把挫折当作失败的借口，而一些人会把它视为成功的助力。

谢谢你，水泡先生

在我刚开始为这个自己的挑战开始训练的时候，我的右脚外侧起了个水泡。一开始我还以为是我的袜子或鞋子不合脚，但我很快就发现了并不是这个问题。水泡的原因是我跑步时脚有些往外翻。这大概是我从未发现但多年下来的习惯。当我跑的距离增加了，脚的这一部分的摩擦变多了，因而起了水泡。

我一开始的反应就是，单单地把它解决了再继续跑。但它真的很烦人，它老是挡在我的面前不让我继续跑下去，拖我训练的后腿。我真想把它解决掉，但仅仅把水泡弄破再贴个创可贴，解决不了问题。事实是这个水泡似乎是在告诉我一些事情，比起咒骂他，我说不定该感谢这位水泡先生。

是我身体跑步的姿势造成了这个问题，这才是我需要注意的。如果对这个信息视而不见，就什么都学不到。我需要改善我的跑步姿势，我需要不让脚外翻。所以我开始回忆，回忆自己还是运动科学学生时学习的解剖学和生物力学的知识。

我发现我的一些肌肉并没有在好好地运作，所以我需要去锻炼他们。那里大概有一些肌肉变得太松了，需要紧致一下。所以我开始做一些运动去改善这种不平衡。我也发现自己开车时的姿势可能在帮倒忙，那是一个舒适但懒散的坐姿。我需要改变自己的坐姿，好好坐。这也意味着在我的身体习惯之前，开车的时会有点不适。放松并回归原来的坐姿很有诱惑，但那只会加重现在的问题，而不是解决它。在我跑步的时候，我开始把注意

力放在每一步上，保证我的脚落地时姿势是正确的，自己能够感受到体重被正确移动。这花了很多精力。我真的很想放松，放下注意力并轻松地跑下去。但我在输给这个诱惑之前，就看到了一些努力的成效。

我注意到的变化很有意思。水泡的位置开始变了。在大概一周内，它从我脚的外侧移动到了脚底，再到脚的内侧，再到大拇指的根部。过了不久，它又回到了我的脚底正中央，并在最后……消失了。

当我们遇到一些诸如此类的小小问题时，我们常常会随便一挥手，习惯性的把它们扫到一边。当我们有头痛的时候，我们会去找止痛药。然而，像我的朋友说的一样："头疼不代表你的身体缺阿司匹林。"所以说，比起把症状强压下去，最好的办法应该是找到问题的原因并解决它。如果是头疼的话，那可能意味着我们需要去喝水，吃饭，休息，或者放松。而别的一些非身体因素造成的头疼，真正的解决方法可能要花更久的时间去寻找。解决问题的过程可能不会很舒适，有时候还可能会很麻烦。但就跟我的水泡一样，当我们完全应对了这个问题，它可能会直接消失。这些问题单单是烦恼，还是一个需要解决我们所关注的问题的机会？

你现在是不是有个水泡呢？当然，你知道我不是指生理上的那种。

奥林匹克冠军史蒂夫•威廉斯解释道他最大的挫折也是对他的成功最大的催化剂。"在2000年悉尼奥林匹克运动会上，我当选了替补选手。这对我来说是‘失败’。我全程都负责办帮忙搬运船桨和水瓶。或许是我有哪里不足。我的体型跟那些六英尺高的人不一样，只是普通体型。但在悉尼，我发现不仅是那些巨大的人们获胜了，小个子的也同样获胜了。我发现自己的内心深处可能有一些对自身的疑虑。在悉尼奥林匹克运动会后，我决定去战胜它。没有被选上是十分痛苦的。我眼睁睁看着自己的挚友被选上，而自己却落选了。我梦想着参加奥林匹克整整 11 年，但最后明明已经走到了触手可及的距离，却还是只能看着。那实在是太痛苦了。我知道现在自己身处的轨道并没有通向自己想要去的地方。我分析了我自己到底在做些什么，和想要成为什么。我记得很清楚，当时教练这么跟我说:‘我不会选你，但我希望你是候补。’我真想边哭边打他。我也还记得自己脑子里的对话：‘这不是我想要的，但我只有它。我希望以后回头看这一刻的时候，可以为自己的选择和回应感到自豪。’你脑子里会有一个你想要成为的人物形象。这在你身处逆境的时候更难去达成，而在事情一帆风顺的时候相对简单。”

挫折似乎无法避免，所以要让自己变得坚强是很重要的。

暂停一会儿喘口气吧

每当我想到“坚韧”这个词，我脑子里就会浮现一个人一鼓作气完成挑战的样子。我的大脑会自动联想到那些有很强的决心，像战士一样的人物战斗到底的身姿。《勇敢的心》里的威廉·华莱士和《角斗士》里的斯巴达克斯。我怀疑这么看待“坚韧”的不只是我一个人。安迪·麦克梅尼带着跟腱撕伤和胫骨骨折跑了超级马拉松。美国海军士兵加里·罗西描述了他的朋友迈克尔·E.桑顿冲进一场战斗去拯救他的上尉的过程。迈克尔带着受伤了的队友回到岸边，然后拖着失去知觉的指挥官游了两小时，到达汇合的船上。如果这还不够英勇，我刚有提到迈克尔已经中了两枪，一枪在大腿还有一枪在肩膀吗？罗宾·贝宁卡萨告诉我她是如何带着身体不适和伤势参加冒险比赛的：“我们必须要突破极限。每个人都有些不同的肺水肿。我发着华氏104度的烧和支气管炎。平时我已经躺在医院里了，我肯定不会再工作。”

很容易我们能看出来我们对“坚韧”的看法包括了一些特点。凭着我的运动心理咨询师的头衔，我觉得内心的坚韧有以下三个要素：

1 **坚持**——能够不停前进，并用尽全力往前跑的能力。即便是在你最想停下来的时候。

2 **弹性**——能够跨越逆境，回到原来的状态，并不管在什么情况下都能够做出最佳的自己。

3 **冷静**——不管发生什么都能够做出最佳的判断和决定。这就是“坚韧”中需要我们站下，喘一口气，并认真思考的部分。

如果我们以为坚韧单单是忍耐不适和继续前进的能力，那我们可能做出一些很差劲的决定。像推土机一样勇往直前的路径，常常会让我们失去冷静。

我的第一个超级马拉松

我那天早上起床，并决定要去试试跑个超级马拉松（50公里或31英里）。那是个公共假日，我在休假，也没安排别的事，所以为什么不试试呢？

最近我一直在跑5到10英里之间，所以这是一个很大的跨越。我准备把它稍微分割一下，分成几个阶段去跑，并且插入中途休息去喝点吃点，伸展一下四肢。我安排出了一个每8.64英里的循环，而我需要在从现在开始到一天结束前跑完4个循环。我会在每个循环后报告我的进度的。祝我好运吧。

8.64英里跑完了，路还有很长

我的膝盖有点发抖了，小腿肚感到很紧，右脚也不怎么舒服。我需要放松心态并好好照料他们，特别是下坡的时候。乐观点，今天是很舒适的一天。阳光明媚但有点儿凉，这可能对后面的行程很有利。春天的景色也都很美，路边都是绿油油的树和绽开的紫色花朵。还有风信子和亮眼的黄色油菜花也都正当季。绿篱也都开着花，香味迷人。有时候还能闻到草丛和绿叶的清香，能看见很多不同的鸟儿从树丛中冒出头来。

在这个时间点，我觉得再跑三个循环会很艰难，但还是有可能的。

一半了

当我的第二轮刚启程的时候，我的左腿感受到了一阵剧痛。不过，它似乎在我跑了半英里后就消失了。所以，我就当那是我的身体在为了跑步而做准备了。虽然我有在享受我的周围和环境，我也发现自己花了更多的注意力在右膝盖上，特别是下坡的时候。

后半段

我做出了一个不太寻常的决定：把最后两个循环并一起。说实话，我这么做是为了赶紧跑完，这样我晚上就可以瘫在家里而不是再出门跑步了。这大概不算是一个聪明的决定。但那天，我就是缺了点耐心和忍耐。如果我是第二章里那几个登山者的其中之一，我大概会在状态不好的情况下去爬山，然后死在途中吧。

疲劳的影响力真的大到惊人。我发现自己的判断力和心情都很严重地被劳累所影响。比起按照之前计划好的步骤行事，我选择继续并一口气结束它。但反省一下，这是和我真正需要的东西完全不一样的。我累了，所以我需要的是休息，伸展全身，和更多的食物与饮料。

结果我发现后半段十分艰难。我的腿又酸又肿，感觉十分沉重并且时刻在疼痛。我必须绷紧神经，自己的每一步都跑得十分刻意，要保证脚着地的姿势是正确并安全的，这样我的膝盖才不会报废。在我回家的路上，我到了实在是撑不下去而只能走的状态。过了一会儿，我试图再回到慢跑的状态，但实在是太累，几乎到了可怕的状态。我怎么都坚持不下去了。最后的几英里我只能连滚带爬地回家。

有趣的是，我几乎没有注意到周围的环境。我瞥了几眼，大概就几秒钟，但并没有办法把注意力放在上面。我实际上跟今天上午跑的是同一条道路，同样的色彩、风景和生态。但我根本没有力气去欣赏它。我完全被自己的疲劳控制了，感受着自己的腿，发软的膝盖，和大脑那不听使唤的部分在不停地喊，叫我停下。疲倦完全耗尽了我的注意力，影响了我的心情，并因此削弱了我的防御。我无法去享受这个过程，并且被“停下来”这个想法困住了。

事后感想

我正坐在这里，反省那天所发生的事。坐下吃了点东西，舒展一下四肢，并稍微恢复一点后，我的思考开始变得清晰。我发现了这个时候自己的极限。但这并不是我永久的极限。我还能够跑得更远，但我需要换个方式去实现它。这个跨度太大了，从五到十英里一下升级到超过三十英里。如果我逐渐地去提升，我能够舒适地跑完全程的概率也会增加。同时我也需要按照一开始的计划做，要有耐心。等我的身体更加健壮了，疲劳对我的影响也会降低。这也会让我更加能够控制自己的情绪，让自己保持积极和集中的精神状态。这也会帮我做出更好的决定。

这一天真的让我学到了很多重要的东西！

在我反省自己经历的时候，我想起自己跟极地探险家本·桑德斯的对话："一开始我以为必须要无视疼痛继续前进。第一次我这么做的时候，我的脚趾都长了冻疮。可这不是解决问题的方法，而是与之相反。你必须要十分敏锐。如果感到不对劲，就快停下来并解决问题，因为问题不会自己消失。"

现实中，有时候最艰难的抉择往往不是继续，而是慢下来或停下来。有时候最好的决定也许是花更多的时间，甚至临时退出并改天再来。虽然这听起来可能有悖常理，最简单的抉择可能就是忍住痛苦并继续干下去来保住脸面。但就像我们都知道的一样，最简单的抉择常常不是最佳的。如果我们停下，那可能看起来像是我们接受了失败并放弃了。别人会怎么想？他们会觉得我们是弱者么？他们会觉得我放弃了么？我会觉得自己太软弱了么？我到底是在做出一个明智的选择，还是懦弱的选择？

这些也都能够直接运用在商业上。我们疲倦的时候会失去耐心和判断力。事实上，如果我们想创建一个理想的"表现不佳"环境，我们只需要根据很多电视上的真人秀的做法做就行了。我们只需要把睡眠不足、营养不良、缺乏新鲜空气和水，这几个因素捏在一起，再给自己找个艰难挑战即可。把这些凑合到一起，然后在旁边看着就行。有多少人会每天为自己创造出这种环境？

安静的声音

我不知道你的脑子里是什么情况，但我的脑子里是十分嘈杂的。不仅是那些背景里的声音，还有小声的对话和吵架，甚至还有各种辩论争论。

我该去做吗？这真的是个好点子吗？我是否会为这个感到后悔？勇气和愚蠢的区别界限在哪里？

我深信我们需要胆子大。我知道很多杰出的人和世界级人士都如此坚信。他们敢于梦想，敢于突破自己，敢于承担风险。然而，我也听说很多成功的商业领袖、创业家和投资家们解释，为什么他们实际上只承担很少的风险，因为他们的抉择都是计算好了的。在最近的一个“走向世界级”会议的晚餐会上，奥林匹克金牌教练克里斯•巴特尔解释到准备充分即可以把风险控制在最小。

我那有着自我意识的大脑，就是喜欢自说自话的那一部分，有时候会自相矛盾。它有能力同时提出两个似乎都很有道理，有说服力，但完全相对立的论点。一个大脑到底是怎么列出一堆利益和弊端，还都几乎同样强劲的？一个大脑是怎么跟自己完全对立的？这简直疯了！

幸运的是，在噪音和混乱的后面还有一片极乐净土。它在思想的背后。这个在我们脑海最深处的地方似乎并没有什么对话。仿佛语言和文字在这里不适用似的。在这里，感情会有支配权。这里常常也被称为直觉。当我们有意识的大脑僵直了，手握解决方法的将会是我们的

“敢于尝试只会
暂时失去自己的
立足点，
不敢尝试
将失去自我。”

——索伦·奥贝·克尔凯郭尔（存在主义哲学家）

直觉。在所有吵闹的争论中，这里似乎只会将答案低声耳语出来。

有时候，我会注意到并跟随这个安静的声音。有时候，直觉会告诉我，我可以继续，我可以办到。有时候，它也会建议我完全停下来。有时候也会告诉我要等一会儿。

但常常我也会觉得自己懂得更多而无视我的直觉。就我个人而言，我觉得忽略直觉是个愚蠢的事情。我一般得出的结论都是我应该跟随我那安静的声音。不然，通常我会给自己带来更多不必要的麻烦。

一般当我无视我的直觉时，我会发现那些吵闹的声音会继续争论，而我会绝望地想要将我的想法正当化。当我跟随我的直觉时，这些对话会消失。

你是否有注意到这个安静的声音？你什么时候会听到它……和什么时候会听从它？

如果我觉得很难做出决定，那通常是因为信息不足。比起着急想做出决定，说不定我们需要先去找到缺失了的信息。当我们所有的情报都齐全了，这个决定可能就容易多了。

当我们遇到真正的障碍时，我们的大脑会怎么做？

挫 折

我跟很多人聊了关于挑战的事。一些人，包括那些对这本书的内容做出贡献的人，完成了一些惊人的挑战和成就。不管这个挑战是很极限，还是相对平和一点的，几乎每一个挑战过程中都会遇到挫折。事实上，我们几乎找不到什么“毫无挫折”的例子。我甚至会说，我们应该预料到会有挫折，它是过程的一部分。我们甚至不

在那些真的艰难的时候，
说不定停下来才是明智的选择。
在决定是否要继续冲进战斗前，
花一点时间去听一下这个安静的声音。

该去问自己会不会受到挫折，而是去问什么时候会受挫。同样，如果它是无法避免的，那我们需要问自己，当它来临时我们要如何应对。

有时候，这些挫折可能会比较不起眼。它们就是那些会暂时让你放慢速度，或者让你暂时换一下路线的情况。而别的可能是一些潜在的搅局者。这些事情可能会给你的挑战带来致命的一击，或让它完全偏离轨道。但有趣的是，对一些人来说是致命的挫折，对另一些人来说则只是轻微的不便罢了。

放弃，还是坚持？这是个问题

罗宾·贝宁卡萨知道有些时候是必须要放弃的，而有些时候是可以选择是否要放弃。

“战壕足病真的是个大问题，我实在是没法继续了。但不管硬件发生了什么故障，只要你想，那总会有继续向前走的办法。

“在最艰难并且我不知道自己是否能够继续的时候，我会停下来思考。我可以现在退出。然后呢？我想象了一下一周后的自己，舒服地坐在沙发里，手中拿着一杯红酒，知道自己退出了。然后立马又想到：‘老天爷啊这可不行！这个剧情不是我想要的！’我还有机会可以避免这个情况发生。我还可以选择不退出。

“你的心常常会比你的身体先屈服。说到底还是亨利·福特的那句话：‘不管你认为自己是行还是不行，你都是对的。’

“对我来说，退出比疼痛和受苦都要可怕。如果我在这里退出了，那还有多少东西是我会放弃的？我会变得胆小吗？如果人生中的下一个挑战来了怎么办？如果我坚持下去，我知道不管接下来要面对什么，我都能够做到自己的最佳。这样就不用去顾虑接下来会发生什么，和怎么样才能去对应它。在冒险赛中，我们对自己会遇到些什么问题毫无头绪，只知道我们可以一起去探索这些问题。我们不可能事先预料到接下来的每一步会发生什么。但只要我知道自己不管遇到什么难关，都有足够的能力和勇气去应对它，那就什么都不用怕了。”

就是这个心理让罗宾在别人都放弃的时候坚持下去。所以，要如何去断定一个挫折是致命的，还是一个微不足道的小问题呢？

就我个人而言，我希望一个突发事件对我们的影响是我们自己选择的。对罗宾·贝宁卡萨来说，受伤不能够阻止她去达成自己的目标。她可能会觉得“只是身体出了点问题而已”。丢掉一条腿和发烧，并不能阻止她的挑战。但是，其他人也许会觉得这是一个非常正当的理由来让人放弃。这个问题还有每个人的优先程度上的区别。什么更重要，是我的臀部还是完成挑战？一些人觉得肯定是身体。但我觉得这没有正确或错误答案。然而，要准确知道自己愿意走多远是很有必要的。

什么才是最重要的？你愿意接受什么？什么是你不

想失去的？

如果天上降下个核弹怎么办？

当你想到“核弹”这个词，你会想象出一个跟安迪·里德有点类似的经历，一个从未预料到的事情突然袭来，然后在一秒之内改变了你的整个世界。我们的“核弹”就会开始像噩梦一样阴魂不散。

在我开始训练大概六个月后，我的妻子卡罗琳开始手脚感到有些不正常的麻木。一开始看似还没什么大问题。她有时候醒来后会怀疑自己是不是枕在手臂上睡了。而有时候，她的脚会感受到一些麻木和刺痛。又过了几星期，卡罗琳发现了些不正常的症状。她会在起床后感觉很疲倦，并没法一天都保持精神。

一个周日早上，我计划好了通常的自行车训练。我计划了一个走进北约克沼泽国家公园约 60 英里的路程。那将会是个三到四个小时的不错的骑车时间。我穿上了自己的骑车设备和外套，看起来有些滑稽。我不仅穿着紧身裤，还穿了卡罗琳的粉色棉袜和我能找到的任何一件保暖衣物。在我正准备出门时，卡罗琳从楼上走了下来。她看起来脸色十分糟糕，有气无力地嘲笑我的滑稽穿着并祝我路上顺利，她十分疲惫地瘫倒在沙发上。她几乎无法自己起来去喝茶，更别说照顾自己和女儿们了。不用说，我取消了那天的行程。很明显卡罗琳无法自己待几个小时还要照看两个充满活力的女儿。

在卡罗琳的症状更为显著后，我们开始了医学检查、测试和咨询的漫长过程。在 1 月初，我们找到了初步的诊断。但它是作为一个警告到来的。卡罗琳并不是只在经历一种病症，而很有可能是好几个。我需要做出决定。我是否仍要像预计的一样继续我的挑战，还是放弃？

我为此投入了很多的时间、精力、心血、汗水，还有泪水。我时刻都在想着它，做梦都会梦到。当你如此投入，不仅是生理上，还有心理和精神上，要离开它实在是很艰难。并且，这不光是我的事，其他人也有加入，也有投入这个挑战。他们也花了时间和精力，为此付出。在那个时间段，我们正准备开始筹款活动。我们从潜在的赞助商和可能获益的慈善机构开始谈起这个话题。幸运的是，我们还没有做任何承诺，也没有拿任何赞助和捐款的钱。我必须做出选择。我是要继续，还是停下？这个挫折是否致命？

抉择的时间

当我觉得自己撞壁了，我常常会问自己，我还欠缺哪些信息。这个情况下，我们有的情报很少。关于卡罗琳的情况我们只了解那么一点点，而这个挑战可能对她的症状带来的影响也是未知数。从卡罗琳和家人的身边离开 40 天合理吗？她会如何应对？她的病到底是什么？我们会知道些什么？那些检测会需要多久？这些病症会需要治疗吗？如果需要，怎么治疗？这些治疗又会有什么影响？

简单问一句，如果你在我的处境会怎么做？停下还是继续？

有着这么多无法回答的问题，我只能想到一个合理的举动。我选择给整个挑战按下“暂停”键，把它延期到下一年。在还有这么多大问题在脑中盘旋的状态下，就算我继续也不可能完全投入。虽然这个挑战对我来说十分重要，但我的妻子和家人更重要。如果我完成了挑战但伤害了卡罗琳的健康，我会觉得自己是犯了什么罪，这有什么意义？我可能在这个情况下真正地为我的成就感到自豪吗？不。说实话，我会觉得自私和羞耻。

多点时间可以让我们找到这些问题的答案，理解它的复杂性和决定要如何前进。说不定我们可以单单改一下开始日期然后别的照常。然而，我们也有可能需要在某种程度上重新设计这个挑战。我们可能发现要我离开40天根本就不现实。重新计划一个四小时的训练很容易，但如果你在北海的正中央划着皮艇，这么做就不容易了。

所以，如果一个“核弹”从天而降，你能怎么办？

花一点时间，按下暂停键。你有做出一个好决定所需要的所有信息吗？你的心理和感情上都处于可以做出最佳决定的状态吗？举个例子，对我个人来说，我在生气的时候不会做出什么好的决定。

回头看看自己的“为什么”。对我来说什么才是最重要的？我的观点是什么？我有哪些选项？什么事做了会让我后悔？如果我以后回头来看现在这一刻，我希望自己看到的是什么？

现在怎么办？

当我们开始一个大的挑战时，我们也要预料到会有重大的挫折。它们是路途上的一部分。比起问我们会不会跟他们相遇，不如问问自己要如何应对更有意义。

我的挑战是从一个问题开始的：我办得到吗？这个挑战是为了帮我回答这个问题才成立的。虽然这个挑战可能现在暂停了，这个问题还没有解答。所以，我想要找到答案的欲望还在。

当我们的挑战受到动摇时，我们会有退出的选择。它是路上的一个分岔点。我们有要做的决定和要选的选择。我们的动力会受到挑战。我们继续的原因是什么？它有多强？我们的动力是否足够强大，强劲到能够承受这个挫折？我们是否要暂时离开，改天再回来？

章节总结

* 挫折和疑虑是无法避免的。你能否找到利用它们的机会并借此变强？
* 坚韧不仅是坚持和弹性，耐心也是心理坚强的一部分。
* 要注意疲劳：它会影响到你的心情，从而影响你的思考能力。
* 你是否会跟随你头脑中的低语？
* 如果“核弹”从天而降怎么办？挫折在什么时候会变成致命的？

第八章

没有成功
就一定是失败么？

“当你想要放弃的时候，
回想一下当初开始的理由。”

——《匿名者》（科幻电影）

总会有东西来给你当头一击，艰难的局面和情况会使我们做出放弃的选择。事实上，它们是会给我们找个正当理由，我们便好以此为借口而放弃。没有人会喜欢说：“我觉得它太难，所以放弃了”，或者“我放弃了，因为我办不到”。相对之下，这么说就会显得容易得多：“我因为受伤了所以放弃。”或者“因为器具问题，我不得不放弃”。

然而，我怀疑真正使我们放弃的理由是我们不想再继续下去了。可能我们只是太累了，或者觉得不舒服，又或者我们付出了很多却看不到预期的回报。也可能是我们觉得自己已经用尽了力气，剩下的力气已经不足以让我们到达终点了。在我刚开始自己的挑战时，我跟安迪·麦克梅尼聊到了关于长距离跑步所需要的心理素质。他说：“因为无法继续而停下是不太常见的。因为觉得无聊而停下更有可能。”听起来好像有点奇怪，但他说的完全没错。我们想一下自己退出的真正原因，通常都不是因为实在是无法继续了。能够真正阻止我们的东西很少。大多数时候，我们停下都单单只是因为不想再继续了。

你还记得安迪·里德描述他的伤口被感染时的遭遇吗？在努力了这么久，健身并学习用义肢走路后，他突然就被感染打回了六周前的原点。一开始，安迪动过放弃再次走路的念头，打算就在轮椅上度过余生。但是安迪想要重新走路的欲望十分强烈。有个很好的理由不让他放弃，他是一个为自己的独立和能够照顾所爱之人而感到骄傲和荣幸的男人。

“几天后，我看到克莱尔（安迪的妻子）十分吃力地试图抬起我的轮椅。我实在是看不下去了，我感到十分心疼，因为她也正在生病。那真的在背后狠狠地推了我一把，坚定了我要再次走路的决心。我无法忍受看到她受苦，我必须要办到，必须要用自己的双脚站在地上。”

我们不会因为失败而放弃我们因为放弃而失败。

当我们遇到一个情况或局面时，一定都有选择的权利。当一样东西使我们停滞不前，我们可以选择是让它永远拖住自己，还是暂时地阻碍我们。这是一个“结束”，还是只是一个障碍？

我们不会
因为失败
而放弃，

我们
因为放弃
而失败。

改变路线

如果我们以同样的方法去看待挑战，又或是开始挑战的过程，会怎么样呢？如果我们以同样的方式去看待计划呢？在达尔文看来，那些生存下来的不是最强的或者最聪明的，而是最能够适应变化和最愿意去改变的。

“生存下来的
不是最强的或最聪明的，
而是那些最善于适应变化的。”

——查尔斯·达尔文（英国生物学家、进化论创始者）

这本书大多数时候是在讲我们在人生中选择的挑战。然而，就像安迪·里德向我们证明的一样，有时候是挑战主动来选择我们。虽然选择参军的是安迪自己，他也知道有潜在的危险，但他可没选择要失去双腿和一只手臂。然而，安迪很快便接受了这个挑战并开始用自己的脑子去寻找解决方法。安迪的人生“A 计划”在一秒内被打碎了，在我们需要做出重大的改变时，同样的过程也是适用的。我们能够很快地接受重组自己原来的计划吗？它现在是“A 计划”还是自爆计划？我们是否愿意重新构想整个计划？我们愿意从头来过吗？

可能在某个时间点上，你会发现自己正在考虑跟这一模一样的问题。但问题不应该是“我要不要继续”，

“为什么我这么肥？”
“……因为我懒，不运动还整天吃垃圾食品。”
“我要怎么减肥并变健康呢？”
“我可以重新开始游泳，是我以前很喜欢干的事情。也有很多健康的食品是我喜欢吃的。我只要知道怎么去料理它们，就可以吃得变健康了。”

而是“我要如何继续”。

如果你想要个很棒的答案，那就问个很棒的问题

我们的问题决定了我们的回答。如果我们问：“要怎么办？”那么大脑就会针对这个问题而给出答案。它会开始寻找可能的答案，思考每一个想法并提出一个可行的答案。而如果我们问：“为什么我当初不这么做？”大脑给我们的肯定是一个不同的答案。

这些小小的对话会激起一连串的思想和信念，而这又会塑造我们的思考方法、感受和行为。如果我们判定自己做不到某事，那无可避免地我们就不会去做它。然而，这并不是因为我们真的办不到，而是因为我们并不相信自己可以办到。安迪•里德解释道，当他知道自己在阿富汗受伤了的那一刻，他就决定自己要活下去。当他做出这个决定时，他马上就问自己这几个问题：“我要怎么去达成它？”“为了挺过这一关，我需要些什么？”

一旦我们决定自己要启程了，我们的大脑里便会开始一个富有逻辑的过程。自然地，我们会开始为了证明自己走的路是对的，自己正朝着目标前进，而去找相对应的路标。安迪当时也开始寻找这样的路标来证明自己的进展。当他逐渐能看见那些路标了，他便能确定自己正在往正确的方向进步了，虽然这个过程十分缓慢。

这个过程叫做自我延续。

相反的情况也是一样。如果我们判定自己办不到某事，我们便会开始寻找可以证明它的证据。当然，我们只会看到自己在寻找的东西。所以我们常常能够找到自己办不到的证据，而这个想法便会生根。这个过程也是

自我延续，也能够被称为“自我满足预判”。

背负责任

一些狗屎般的事情会发生，这是真的。我们会有把自己的过错强加在别人身上又或者去责怪环境的冲动。在我研究那些世界级人士的时候，我发现他们都拒绝推卸责任。与此相反，他们会主动为自己的表现负责。运动员有时候会因为一个裁判决定又或者裁判漏算了一些分数而输掉比赛。那些最顶级的运动员会略过这些，并问自己要怎么做才能更好地控制这种情况。一些运动员会对裁判决定做出很糟糕的回应，会开始生闷气并因此丢失接下来的两到三分。而另一些运动员则会接受这一现实，他们知道有时候老天会跟自己对着干，并且什么事都有一定的犯错空间。他们知道改善这个问题的最好办法，就是加大自己与对手之间的实力差距。如果他们让比赛结果只有一分之差，那就很有可能因为裁判误判而输掉比赛。但如果是以更大的差距赢得比赛，就算丢了三四分也有可能最终获胜。

一些人会试图去找借口，而一些人会去找出其中的教训。下次我要在哪里做得不一样？我要如何进步？从这次的失败中我能学到什么让自己变得更强？这个经历能否帮我改善我的计划？又或者帮我找出哪些技能是我还需要去磨练的？

我最近在迪拜的一个全是专业从业者的会议上做了次幻灯片演讲。他们知道那些最棒的从业者常常都是最有经验的。在演讲中我解释道“经验”并不是一个时间单位，它衡量的是学习到的东西。我们常常会觉得那些最有经验的人就是从业时间最长的人。但这并不一定是正确的。那些学到最多东西的人才是最有经验的。

为了能够从我们的经历中学到什么，我们必须要能够承担责任。

重新组建

似乎在所有的挑战中，都有着一个循环。我们有时需要停下，仔细思考，重新组建，然后才能继续。如果我们都从中学到什么，我们大多会在再次开始前对我们的计划做出微调。我遇见过的最好的团队和个人都会做非常彻底的审查和反思，并把反思所得应用在未来的计划上。

就是在这种时候，你的团队要派上用场了。不管是支持的声音，还是批评的声音，都有意义。有时候我们需要去寻找那些鼓励的声音，有时候我们则可能要去听一些我们并不怎么喜欢，但必须听的声音。这让我回想起自己受到批评时的感受了，我感觉自己全身受到重击。我的大脑会抵抗并试图跟它争论一会儿，但一旦我冷静下来开始认真思索，我就开始理解它真正的价值了。

如果我们抓住每一个学习的机会，那我们的新计划很有可能会变得更加强大、稳固。因此我们也可能会对修正后的计划更有信心，知道它能够克服更多的潜在困难。

很多时候，我们的能量和动力都是用自信来维持和补充的。要驱使自己去做一件感觉办不到的事情是十分困难的。如果我们要启用刚刚失败过的旧计划，那么我们会问自己为什么这次就有可能成功。知道这次自己对挑战有着更好的准备，我们在前行时就会有更多动力。

章节总结

- **当你想要放弃的时候，回想一下自己开始的理由。**
- **你是否在寻找一个放弃的借口？**
- **会存活的不是最强的，而是最能够适应变化的。这对计划来说也是一样。**
- **如果你想要更好的答案，那就问更好的问题。**
- **背负起责任，能学多少就学多少，然后再继续吧！**

第九章

无限和其后

“只有那些愿意冒险的人才能够知道自己的极限。”

——T. S. 艾略特（英国著名诗人）

大多数挑战都是心理上的，这个事实让我感到震撼。让我来证明它吧。就算是那些乍一看是体能挑战的，其实也是心理上的问题。无法避免的，我们一路上会面对一系列的情况、状况和各种事件。这些状况会触发我们脑内的对话。我们的大脑会产生疑问和将它们作为问题提出来。

事 实

就像我们发现的那样，就算是最成功的人也会有疑虑。就算是奥林匹克冠军和世界纪录保持者，甚至是那些最坚韧最强大的人也是如此。实际上就像史蒂夫·威廉斯表明的一样，知道其他人也有这样的疑虑，对自己是一种心理上的解放。

对我来说，疑虑是必然的。那些说成功人士都有着钢铁般的自信，说他们对自己的行为毫无疑虑，都是迷信。在所有我见过的世界级人士中，我从未遇到过这样的人。不是这种疑虑的存在与否决定了一个人是否成功，而是处理这些疑虑的方法决定了一切。对一些人来说，疑虑刚出现就已经是对话的终结了。而对成功的人来说，那只是刚开始。

或许掌控我们脑内世界的方法就是改变这个对话，也说不定。

这就是成功与失败的分界线。

观察自己的想法

如果我们明白疑虑是正常的，世界冠军们也会有疑虑，那与它们接触就变得简单了。只要我不带着“威胁”、“错

“我办不到，我还是收手吧。”
“我不确定自己能不能办到，但我会试试的。
我可能一开始找不到窍门，但只要我继续尝试就肯定会进步。”

误”和“软弱”等偏见去看待疑虑，我们就可以把它化为自己的助力。一旦我愿意去接触自己的疑虑，我们就可以正大光明的问自己这些问题，并去寻找它的答案。

“好，那如果这不行怎么办？我要怎么做？我有哪些选项？我会做出什么选择？”

只要我们观察一下那些挑战成功的人，就会发现重要的不是疑虑本身，而是我们如何去应对它。我的兄弟乔恩在开始他在德国的生意时，经历了一个严重的挫折。乔恩的专业是广播和传媒，特别是在电视和体育方面。他花了一年多去跟德国的体育主播们联络和建立人脉。他经常去见他们，跟他们合作一个多星期，并在刚搬去科隆的时候，感觉自己有了一个稳固的基础。然而，事情并没有那么顺利。他参加了作为评论员的试镜，这听起来很棒。然而，他收到的并不是回馈和接下来的对话，而是沉默。这是他所感受到的文化差异之一。比起接受可能很有建设性的好建议，乔恩发现德国企业更注重一开始便拟定好的计划。他开始学到自己必须等到对方准备好了才行。

“在知道一件事情对双方都有好处，而自己也急需它运作起来的时候，这样的经历实在是很让人焦虑。我决定搬到德国的自信，来源于我认为他们会和我一样看到了机会和可能性。但我很快就发现他们并没有看到。这一下整个游戏计划都泡汤了！那是我整个计划的核心。我不得不说我有一阵子完全不知所措。我向自己提问：我要如何克服它？”

我相信很多人会在这个时间点开始发慌，开始质疑自己辞去工作来到异国他乡的决定。然而，我们的经历通常都是可以让我们从中学到一些东西的。如果我们主动去寻找它们，那我们能够从中获益的概率就会很高。乔恩解释了如何以自己学到的东西作为基础，改善了自己的行事方法。“解决方法就是去找那些知道自己需要一个答案的人，而不是那些不知道自己的需求的人。我们现在有一些多特蒙德足球俱乐部和德国足球甲级联赛的项目。因为他们的需求和我们提供的东西有着完美的融合。”

挑战自己的疑虑

有时候我们会把对自身的质疑，或者从别人那里听到的质疑，转化成自我批评。我们的大脑会把回馈转化成个人的东西。当我们在理解和从回馈中取得意义后，是自己决定是否要把它往心里去的，也是我们决定要不要把疑虑放大，或者把它们从眼前移开。

我听一位正在自我批评的母亲说，自己让家人们失望了，没有好好给他们准备吃的，因为她总是会做意大利面。她的话语中带着浓厚的自我贬斥，并因没有给家人一个健康多样化的饮食而自责。

我问她上次做意大利面是什么时候，她说自己也记不太清楚了，但大概是一周或十天前。我继续问，平均一周做几次意大利面。她思考了一下，回答说：“大概一两周一次吧。”

这位母亲的自我责备显然是有些问题的。我们的大脑有着过度概括的习惯，会产生不准确并有误导性的错误语句。而这往往是我们的疑虑和自我批评的来源。像“我从不”和“我经常”，常常都是错的。我们经常会

当人们说
“我办不到”的时候，这跟
他们内心真正所想的常常都不一样。
他们可能其实在想“我不愿意”，或
者“我不敢”，或者“我不想”。当
你上一次说“我办不到”的时候，你
内心真正想法是什么呢？当你下次这
么说的时候，停下来思考一下
自己真正的想法吧。

当你说
“我办不到”的时候，
试着去挑战它吧。你真的办不
到吗？有哪些证据证明你办不
到？你曾经试过但失败了，这
可能是个事实。但这并不代表
你办不到这件事。

通过强化出现实中的一小部分，并把它夸张化和扩大化，扭曲自己的感觉。运动员在评估自己的表现时，经常会陷入这个陷阱。如果他们输了，他们会把注意力放在自己犯的错误上，并在头脑中重现自己的错误。当我问他们表现如何时，他们常常会回答我说，表现的很糟糕并且犯了很多错。相比之下，那些经常赢的人会回答说，“我表现的不错”。他们就会记住更多正面的东西并且忽略一些错误。实际上，那些赢了的时候的表现，跟输了的时候差别并不大。是运动员的大脑将其中的差距扩大化，并自己制造了两者之间的鸿沟。

你猜怎么着？我最年幼的女儿现在已经可以开心地自己一个人骑着她的无辅助轮自行车，在后院里骑来骑去。我记得她曾说过：“我就是骑不了自行车。”

如果你的大脑觉得一样东西是“不可能”的，你可以去停下并审问这个想法。如果别人都已经可以登月了，这还是真的不可能吗？还是说“我只是还不知道怎么去完成它”比较贴切呢？

重要的不是我们如何开始，而是如何结束

或许我们的胜利并不依赖于这些头脑中的对话是怎么开始的，而是怎么结束的。似乎我们都有着疑虑，也都经历过自我批评的时期。但是，我们如何去处理这些对话，似乎对于我们之后的举动和成功来说，都十分重要。我问过罗宾•贝宁卡萨是如何管理头脑中的这些对话的。“我不太会变得情绪化，还不如说我通常都有点冷漠。我的选项有哪些？我是否能够达到下一个节点？我让自己的思路随着一个个步骤走。未来会是什么样子的？哪

个选择会把伤害最小化？”对罗宾来说，放弃比肢体上的受伤来的更难以忍受。

一个运动员最激烈的内心斗争常常会发生在他们开始比赛前的一刻。在这一刻，一些运动员的心理会被粉碎，而他们胜利的机会也随之消失。史蒂夫·威廉斯描述过自己正走向一个奥林匹克决赛的起跑线时头脑中的对话："站在起跑线上等着比赛开始的时候，是我人生中最长的6分钟。你会对自己说的话在脑中不断演习。你永远无法完美地事先重现一个奥林匹克决赛的体验，但相似的还是可以办到的。有一些别的时刻也十分重要，像是奥林匹克的选拔赛。就跟决赛一样，你发现自己的一切都赌在这一场比赛上了。你会开始问自己：'我是否有尽力？'我开始找那些证据——个人最佳成绩和训练时最快的时间。我把这些以超过那些疑虑的音量在头脑中回放。如果你让自己的脑子空着，那它会被负面思想所霸占。所以，集中在过程上——第一个动作，节奏，我的工作。"

无论挑战的规模怎样，成功的配方似乎都是一样的。比起把注意力放在挑战有多大上，多注意自己必须要干的事情会更有效率。下一步是什么？下一寸是在哪里？我现在需要做什么？

我的这个挑战已经暂停了。虽然我没有按照原计划去完成我的挑战，但我也走了很长的一段路。在我至今的路途中，我也学到了很多宝贵的经验。我完成了一部分挑战并稍微探索了自己的潜力。我也注意到自己还有很多未完成的事情，目前只是刮了刮它的表层而已。我的经历也告诉我，虽然挑战很重要，但它永远都比不上那些我真正爱的东西。生命中有一些东西总归是最重要的。

最终的一些明智建议

我请罗宾、史蒂夫、乔恩和安迪对想要开始挑战的人说几句。这里就是他们的建议：

史蒂夫·威廉斯：

“要对最终目标有着清晰的定义，
这会给你更多路上需要的动力。
深层次地去挖掘你的目的。
不要止步于拿到金牌，而是要去探索金牌的意义。
要有清晰的计划，
知道自己现在在哪里和自己需要做些什么。
勇敢地去梦想吧，你和你心目中的英雄没有区别。
我在悉尼顿悟到就算是小人物也一样能赢。
挫折总是有的，要做好心理准备。
你控制不了发生的事情，但你能控制自己如何去应对。
我从失败、糟糕的表现和落选中
学到了最艰难的时刻最能使你成长。”

罗宾·贝宁卡萨：

“建立起自己的经验和自信，
成为钢铁人不是梦！
你必须投入时间，打造基础，不断奋斗。

你必须付出，持续地将自己的时间投入进去。
世上不存在魔法配方，
关键的是纪律、时间和对自己的理解。”

我的兄弟乔恩：

“要知道你总会低估挑战的威力。
你可以通过做好超出需要的充分准备来降低风险。

要知道你必须重新评估和改变道路。

要找对人，
找到有着共同热情和理想的人。

问问你自己：
‘你是否愿意承受心理打击？’”

安迪·里德：

“如果你跟你的目标之间距离似乎太大了、太吓人，你可能会被吓倒。

把它分解一下，一步一步慢慢来。
你可以轻松地用‘我还没准备好’来逃走，

但要聪明地开始并给自己一个机会。
当你决定做一件事并且对此做出承诺，
那你就会实现它。”

我的旅程

在我自己旅程的这个节点上，我已经注意到自己在对挑战的方法做出反思，并能从中学到的东西。我对“坚韧”的观点有所改变。我发现勇气并不等同于没有恐惧，而是注意到有些东西比恐惧更为重要。同样，坚韧也不是没有疑虑和具有忍痛能力。或许像我这样的软脚蟹也能做到？为了达成我的挑战，我不需要变成另一个人。我不需要是一个超人，又或是那种不计代价也要获胜的“一根筋”的人。我也发现我能够通过累积无数的小步伐来走向成功。我不需要现在就得出所有的答案，又或者现在就习得所有的技能。我可以随着时间慢慢成长，学习我需要的东西。当我允许自己去尝试一件新的事物并失败时，我也是在允许自己去学习新的东西。

你的旅程

我知道这听起来像陈词滥调，你可能听过成千上万次了，但唯一一样会拖我后腿的东西就是我自己。这对你来说也是一样的。现在的我能够看到路上更多的岔路口。人生时时刻刻充满着选项和抉择。我们是否会因为自己的点子听起来荒唐，就把它抹杀掉？身边的人会不会嘲笑我们是蠢货，说我们是在做梦？当我们遇到挫折并有疑虑时，我们是否要马上判定自己从一开始就没有这种天赋并放弃？

人生和挑战每时每刻都在向我们呈现这些问题、选项和抉择。从某种意义上来说，我们的人生就是自己做出的决定和选择的累计。在做出选择的每一刻，我们决定了自己是什么样的人和书写着自己的人生故事。下一页是空白的。你想要在上面写些什么？你想要故事的下一段呈现出什么语句？

我们是否能够开始掌控自己大脑中的领域，并控制我们脑内的对话？如果我们可以，设想一下我们做出的决定会有多大的差别吧。你会做哪些自己从未做过的事情？你会捡起哪些挑战？如果你花一点点时间，去问自己以下问题，那又会发生些什么呢……

我能办到么？

你行，你可以！我们每个人都可以这么说。

图书在版编目（CIP）数据

我能创造奇迹 /（英）西蒙•哈特利著；殷乐译 —上海：上海三联书店，2021.6

ISBN 978-7-5426-7411-1

Ⅰ.①我… Ⅱ.①西… ②殷… Ⅲ.①成功心理－通俗读物 Ⅳ.①B848.4-49

中国版本图书馆CIP数据核字（2021）第077357号

我能创造奇迹

著　　者 / [英] 西蒙•哈特利
译　　者 / 殷　乐
责任编辑 / 张静乔
特约编辑 / 苗苏以
装帧设计 / 龚　鹰　顾静瞳
监　　制 / 姚　军
责任校对 / 王凌霄
出版发行 / 上海三联书店
(200030) 中国上海市漕溪北路331号A座6楼
邮购电话 / 021-22895540
印　　刷 / 上海新开宝商务印刷有限公司

版　　次 / 2021年6月第1版
印　　次 / 2021年6月第1次印刷
开　　本 / 889×1194　1/32
字　　数 / 100 千字
印　　张 / 5.125
书　　号 / ISBN 978-7-5426-7411-1 / B · 732
定　　价 / 39.00元

敬启读者，如发现本书有印装质量问题，请与印刷厂联系021-66986280